池昌斌

七十年代生人，知名特级教师，全国课堂教学大赛一等奖获得者。从浙南大山里走来，中师毕业后先后执教于村小、乡镇中心小学、县城实验小学，现任教于北京市海淀区中关村第三小学。好读书，喜爱登山与户外行走。从教二十余年来，始终坚持理性、独立、开放、尊重、包容和贴近自然的教育理想，集多种角色于一身——教师、摇滚乐迷、背包客、越读者……曾在全国各地执教公开课、做讲座近四百场，引起同行广泛共鸣。

我们唯一可以确定的是，

我们的未来是不确定的。

最好的成长方式，

是让我们的世界永远充满

另一种可能。

The Crossover Way to Be Professional

Perspectives from a Special Honoured Teacher

另一种可能

——

一个特级教师的跨界生长

池昌斌 ——————————— 著

教育科学出版社
·北京·

出 版 人　李　东
策划编辑　刘　灿　池春燕
责任编辑　池春燕
版式设计　沈晓萌　壹原视觉
责任校对　张　珍　张晓雯
责任印制　叶小峰

图书在版编目（CIP）数据

另一种可能：一个特级教师的跨界生长 / 池昌斌著
. — 北京：教育科学出版社，2016. 11（2023.9 重印）
　ISBN 978-7-5191-0804-5

　Ⅰ . ①另…　Ⅱ . ①池…　Ⅲ . ①池昌斌—自传　Ⅳ .
① K825.46

中国版本图书馆 CIP 数据核字（2016）第 215764 号

出版发行　**教育科学出版社**

社　　址	北京·朝阳区安慧北里安园甲 9 号	市场部电话	010-64989009
邮　　编	100101	编辑部电话	010-64989441
传　　真	010-64891796	网　　址	http://www.esph.com.cn
经　　销	各地新华书店		
制　　作	壹原视觉		
印　　刷	天津画中画印刷有限公司		
开　　本	720 毫米×1020 毫米　1/16	版　　次	2016 年 11 月第 1 版
印　　张	17.25	印　　次	2023 年 7 月第 5 次印刷
字　　数	200 千	定　　价	52.00 元

如有印装质量问题，请到所购图书销售部门联系调换。

另一种可能——一个特级教师的跨界生长
LING YI ZHONG KENENG——YI GE TEJI JIAOSHI DE KUAJIE SHENGZHANG

目　录

做一个『没有界分』的老师

一个不幸烧伤、身心都受煎熬的学生，将不得不戴着面具回校学习，何种安慰或保证才能让她释然？何种提醒告诫又才能让全校两千多名学生不围观指点或惋惜同情？如何让脆弱的心灵在众目睽睽下有绝对的安全感？池昌斌老师用了"另一种可能"欢迎这孩子回校。

一个精心安排的画展（展出的是该生治疗期间表达心绪的作品）、一枝康乃馨、一张卡片、一句对这孩子的祝福、一种邀请，所有同学用自己的方式表达欢迎她归校的期望。

极其简单，却直达人心，奇妙地唤醒了所有学生的同理心，从心灵深处去感受她的不幸与坚强。不久，祝福欢迎的鲜花卡片挂满画展长廊，教育的"蝴蝶效应"发生了，孩子们真诚的祝福在全校师生之间传递着感动。被鲜花、微笑、热诚簇拥的她，心融化了，不无温暖的操场、教室，又有她的微笑了。

这种大道至简的教育智慧从何而来？为什么会想到用一枝康乃馨、一张卡片？我曾这样问，池老师不假思索地回答：直觉。直觉又是如何产生的？池老师在书中最用心传达的是：同理心，平常心，慈悲心，敬畏心，对万物有感觉。

"一个不能对万物有感觉的老师，就不会设计出能够滋养儿童心灵成长的教育！"

池老师对万物有感觉的体验，是对印度世界级心灵大师克里希那穆提"观者和被观之物没有界分"①的最鲜活诠释。教师的内心不再分离，穿越恐惧阴影，内心复归安适自在，一再超越小我，重获自身认同与完整，才有力量和智慧与学生生命形成无界分的联结；热爱迷恋学生的成长，向自己和他人的心灵深处敞开，不期而遇教育智慧，教育教学过程才会有源源不断的创造和惊喜。这正是我国许多教师在 2005 年相遇帕尔默的《教学勇气——漫步教师心灵》时在内心引起强烈反响的共鸣点，也是池老师和学生没有界分、对万物有感觉背后的至简大道。

池老师体验的最独特亮点，在于容易让广大乡村教师产生强烈共鸣，唤醒乡村教师的自主专业成长意识，发挥大自然对于滋养教师生命成长的无限魅力。在池老师书中，扑面而来的是浓浓的大自然气息。从童年独户居住深山，尽情享受大自然的浸润，到成年后多次西行穿越藏区和登顶雪山，山林的自然、清新、神秘，雪山的伟岸、大气、纯净，丽江的淡定、宁静、缓慢，朝圣者的坚忍、虔诚，极限挑战中的谦恭、守望、不替代，生死抉择中的互助与放下，为守护自然牺牲自己的精神浸润，站在天地之间的物我两忘，野长的、跨界生长的经历……是这些，滋养着池老师敏于感觉万物的同理心、

---

① 克里希那穆提.世界在你心中［M］.胡因梦，译.深圳：深圳报业集团出版社，2007：49.

平常心、慈悲心、敬畏心，让池老师敏于感受万物没有界分，直觉洞察生命的内在拔节，无限贴近儿童需求，从而在教育中不期闪现大道至简的智慧。书中温暖的教育故事，是池老师平常心后的大境界，是开放联结另一种可能性的纯净心灵。

另一种可能性，打开了教育梦想大门。梦想能让教育产生更大的力量，"只要心中拥有梦想，未来一切皆有可能。一个优秀的教师，更重要的是播种梦想"。有梦想才会有新的可能。"一个孩子如果从小就拥有坚定的梦想和强大的意志力，那么他的人生将注定精彩。"

池老师曾经就是这个孩子。尽管山娃读小学时备受歧视，但他当教师总会回归到这个孩子，回归到初心，自然贴近孩子的立场。早年的野长体验、跨界生长，滋养他对万物的敏感，做教师自然联结到生命的另一种可能。

他的野长空间，除了广袤的大自然，还有恩师自在若谷的熏陶。他钦佩的老师虽不被体制认可，却独特而卓越。虽有学科短板却有定力无为柳成荫，虽形象邋遢却学科功底深厚，虽脾气古怪只受代课身份却是几十年埋汰民间的学贯中西大师。而他们的学识底蕴、个性、经历、缺点都深有魅力。野长中有自由也有挫折，上师范被认为不适合当老师，遇贵人才被接收为试读生，毕业后分配到山村庙堂学校，但"没有了同理心，爱学生就会变得无从谈起"的初心不变。当遇上民主、公平、识才、善引的温校长，厚积薄发的他便很快崭露头角成长为全省最年轻的特级教师。

他的跨界生长体验，得益于早年的野长自由空间。在乡村学校任教，精神世界依托摇滚和阅读。摇滚乐，让他开启了哲学、民主与自由的深刻思考；阅读，作为生存方式，让他得以联结同时代启蒙思想，加深了对民主与自由思想的理性建构，并应用到班级内阁制的选举运作过程，培养学生作为现代公民的民主与权利意识和统筹管理能力；平面广告设计与市场营销策划的实践经历，让他"对创意与沟通有了全新的认识"，认识到"创意的产生源于产品本身、客户需求以及设计者的独特建构"，并启发他每上一节课都要贴近儿童立场，追求新颖、简约、唯美、深刻；西行雪山登顶，跨域广交朋友，打开了他的教育视域，使他的课堂大气厚重、浑然天成，持续十年给赛课擂台带来创新冲击；喜爱运动军事，让他用心陪伴学生磨炼意志，展现力量和精神，养成阳刚之气。

这些体验，就像发达的根系滋养着参天大树，敞开吸收阳光雨露，滋养着池老师对教育、对学生、对教师的独特理解。

池老师坚信："好教育最重要的是让人拥有理性的价值判断，人性的自由与尊严，坚定的信念与抗挫折能力，民主与平等的人权意识，开放与包容的胸怀与视野，不懈创新的习惯与解决问题的能力，善良之心，善于沟通、善于合作……这些品质将影响儿童一生成长，恰恰不是一张卷子、一份成绩单可以衡量的。""教育最重要的使命是让每一个人都能发现自己，成为自己。"

池老师从纯粹的视角理解教育的另一种可能，教育可能一再回归简单，简单到好似虔诚朝圣，"脑子没弯了，手脚有劲儿了，山顶慢慢低于脚面了，未来就在眼前了！你我竟然像山、云、湖水和星空一样！一直在老去，一直在变化，一直没有问题"，却打开了教育的感觉和灵性润物无声的大门。教师只有拥有闲淡心境、平和心态与优雅气质，才真正"懂得从世间万物中汲取能促进儿童一生幸福成长所必需的教育营养"，缓慢守望孩子的好奇心、创新力、知识建构能力，教育才能启蒙学生向世间万物开放新的可能性！而追逐分数和名次的功利教育不堪重负，教师狂奔应试、心力交瘁、疲惫不堪，教育成了反生命的、忽视未来的、会输掉一切新生的可能性。

因而，池老师陪伴学生的故事，慈悲、智慧、幽默又质朴。

池老师认为，每一个学生的未来人生，都是超级马拉松而不是百米决赛，都充满变数和不确定性，教育要敬畏任何学生的未来。"所谓的问题儿童，很多时候都是成人思维在儿童身上的有罪推定。"一个老师读不懂弱势群体学生背后的故事和尊严，就不能教育好一个孩子，就不能带出一个充满尊严感的班级。老师不尊重一个孩子，会带动全班学生不尊重这个孩子，这类不幸的孩子就会否定自己、自暴自弃。池老师带班乐意接收问题学生，一切蛮横、任性、好斗、敏感、冲动的孩子，他都淡定面对，敏感觉察到孩子内心的恐惧，而非小题大做，审问道德。他能把问题扎堆的班级带出尊严，成绩中上，让家长、同仁和校长信服。

池老师相信"不作为"更考验老师的教育智慧、定力和远见。"不作为"是润物无声的智慧，不落套路，无限贴近学生，真心陪伴学生。像学生眼中很好玩的大孩子，不管刮风下雨、骄阳似火，踢球长跑，陪学生有些"残酷"地历练；罚学生跑步，自己陪着跑，相信负疚感会唤醒德行；意识到批评过头了，就邀请学生玩碰碰车，一切善意都在不言中；偶尔会鼓励学生打一架，让弱童变得强大、获得尊严；认定真心陪伴才能发生真教育，才能召唤学生用智慧与力量迎接挑战、顶住压力。

陪伴孩子需要教师平和自信、包容多元，敏于联结正在生成的多种可能性，"学会用感性的方式去表达理性的思考"，"让触动心灵的感动成为做真教育的坚定理由和动力"，从中学习真心爱孩子的能力和方法。只有相信教师、发现教师的潜能，教师才会相信学生、发现学生的潜能。对师、对生、对任何专业人员，最重要的是成为自己。自然，不爱当老师并不关乎道德，教育系统有必要敞开选择喜欢和适合当老师的各行各业精英，让不想当老师的人有自由离开的通道。

回归至简大道洞察为师之道，池老师认为，"师德，更多时候是我们心灵深处所感受到的最纯朴、最善良的一种情感，这种情感更多是孩子带给我们的，也是我们由此对自己内心的一种发现"。教师在真心陪伴孩子的过程中，体悟生活化、细节化的职业操守，经历一次次把错误转化为成长契机、一次次控制情绪、一次次理性反思、一次次的成就感，才慢慢内化为人人可以遵守实践的师德。

原来，对万物有感觉，就是回归简单，开放心灵，觉知敏锐，在轻灵淡定中敏锐联结另一种可能，跨界生长，无界分地"以最平凡、最温暖的形象站立在儿童中间"。

相信池老师的书会让——

一切天性热爱孩子、喜欢教书育人的灵魂，淡定超越，洞开智慧。

一切过于狭隘雕琢教师的师培人员，猛醒！

北京师范大学教师教育研究中心 吴国珍

2016 年 9 月于京师园

第一章

在路上

最好的教材是儿童的生活，最好的教室在大自然。那里有大山、树林、溪流、峡谷、原野、麦浪、乡村、草垛……源于自然的教育充满泥土气息，能激发儿童对世界的好奇与探究，传递淳朴和善良的情感！

一、我从大山来

> 我从大山来，很多教育价值观的源头，就是童年时期在高山、峡谷、森林、草地上那自由自在的生长经历。

我出生在浙江省温州市平阳县西部的茫茫大山里，现在那里已经成功申报为国家级森林公园——浙江省满田森林公园。

我家很特别。在那片大山环绕的世界里，只有我们一户人家，荒郊野岭，独门独户。到我家去要翻山越岭，走很远的山路，有些路段还是非常陡峭的绝壁和悬崖，我的家就藏在那片无边无际的茂密丛林里。

因为在丛林里长大，我拥有非常丰富的野外生存经验。由于从小没有玩伴，我也因此严重缺乏与人交往的能力。记忆中，我5岁那年才第一次到小镇上，第一次看到汽车，觉得特别好奇，这四个轮子的大家伙怎么会跑得这么快？我就那样傻呆呆地看着，连马路也不会过。

6岁的时候，父亲把我送到镇上的小学读书，我感觉到自己和镇上的小孩有太多的不一样——没上过幼儿园，用了两个月才学会握笔，不善言语甚至有点儿孤僻。之前我看到的世界就是大山里的那一片蓝天，镇上的孩子对我来说真是见多识广。

与镇上孩子一块儿读书的时候，一个个新鲜的名词冲进我的大脑：电影、广播、书店、文具店、乒乓球……那些我闻所未闻的事物无不令我感到惊讶，我的脸上写满了不可思议！我也因此常常被同学们嘲笑，他们给我起了个绰号——山头鸟！就是从山上下来的鸟人，一个没见过世面的家伙。

　　学校和大山之于我，坦白说，我更愿意在大山里待着！

　　山里的那些岁月，如今成了我最怀念的时光。在那样茂密的丛林里，我的童年时代过得自由自在，无拘无束。

　　春天来了，山中的各种野花盛开，满目的高山杜鹃和油桐，红的、白的、粉的……记忆中我们家对面悬崖上有一棵高山杜鹃长得特别高大，满树的红杜鹃，迎风摇曳，特别妖艳。我最喜欢山谷里的野百合，它一般长在人迹罕至的悬崖绝壁上。崖壁上怒放的百合花绝对是山谷里最美的一道风景。长大后听赵传的《野百合也有春天》就会有一种特别的感受，犹如被点中心中最柔软的那个角落。

　　不用上幼儿园，我的幼年生活就是跟着爷爷去种地，或是躺在山坡的草地上睡觉、发呆，偶尔冥想大山背后的神秘世界。看着蓝天上的白云一朵一朵地飘过，山风吹过山坡，阵阵松涛哗哗作响。记忆中的那片草地就是我童年的乐园，小狗围着我和弟弟转来转去，我们俩抓蚂蚱，抓了一只又一只，放到瓶子里带回家喂蚂蚁。

　　秋天是我们山里孩子最开心的季节。山中的各种野果成熟了，野生的猕猴桃、野苹果、野山楂。记忆中的秋，就是肚子里装满各式野果的味道。

　　由于海拔高，山里冬天会下好多场雪。雪后，满山遍布树挂和冰瀑布。我和弟弟把山涧里长长的冰柱扛回家去，插在院子里，当作雪人手里握着的利剑。

　　当然，小时候的回忆还有夏天在小溪边钓鱼、钓螃蟹；春天去采茶、挖笋和掏鸟窝。

　　钓螃蟹的方式很有意思，我至今记忆犹新。我们把咸肉的肉皮切一小块下来，绑在棍子上，沿着峡谷边陡峭的崖壁爬下去，在溪涧的岩缝里如果看到有细沙刨出来的痕迹，就知道里面一定会有螃蟹。

我和弟弟趴在地上，身上披上杂草伪装。用绑着咸肉的棍子慢慢伸进岩缝去引诱螃蟹，螃蟹受此诱惑就会从洞里爬出来。我们俩分工合作，一个人引诱螃蟹，一个人用手逮螃蟹。逮螃蟹需要眼疾手快，否则螃蟹很快就会跑回洞里去了。

小时候生活的大山虽然偏僻，但对我来说特别安全、特别温暖，幼小的我因为拥有它而满足。

爷爷在屋前的悬崖边种了两株南瓜，悬崖不算太高，二十米左右。有一天爷爷喊我和弟弟去收南瓜，成熟的南瓜长在靠近悬崖边的坎上。我和弟弟商议分工，他站在上面用柴刀砍南瓜柄，我拿着一只篮子站在下面接南瓜。南瓜柄被砍断的一瞬间，大南瓜直接掉到篮子里。本以为可以接住，没想到南瓜挺沉的，我一屁股坐在地上，南瓜直接滚落到山崖底下去了。

等我和弟弟绕到山崖下，发现那个南瓜已经四分五裂。我们提着篮子，把散落在草地上的南瓜片儿一块一块地捡回来。

爷爷问："南瓜怎么成这样了？"我们告诉他这些南瓜片儿的由来，爷爷听了哈哈大笑。

现在的我有时候想：今天会有多少孩子有这样的"收南瓜"经历？会有几个孩子的爷爷或者是父母敢这样"大胆"地放任我们去悬崖边"收南瓜"？我们是不是有必要让每一个儿童都有这样的"收瓜"经历？我相信这样的经历是对童年最好的滋养。

我深信这样无忧无虑、轻松自由的童年经历会影响儿童一生的美好发展。在小学这个年龄段，应该像我小时候那样，没有那么多的考试和作业，创造机会让儿童亲近自然。童年就该做童年的事儿，收南瓜、刨坑、捉蜻蜓、抓螃蟹、网知了、钓鱼、养狗……对人的成长来说，舒展、自由、亲近自然、充满乐趣的童年生活经历不比考试、作业、辅导班要有意义得多吗？这些经历将化作一种源源不断的营养，使孩子对这个世界始终处于一种好奇和探索的状态。

在我的教育观念中，一直认为引导儿童不断地感受这个世界的神奇至关重要！

我家后面的高山上有一个山洞，它有一个神奇的特点：每当冬天下雪之前，就会往外冒烟，犹如烟囱一般。我和弟弟一直感到非常好奇。尽管父母一再警告我们那里非常危险，但终于有一天，我们还是禁不住好奇心的诱惑，用一天的时间攀登到洞口去一探究竟——为什么它会冒烟？

大自然让人好奇的地方太多了，它是儿童最好的探究场所！在自然探索状态下的童年才是真正的童年！而这正是我们今天教育所缺失的。

我们今天为孩子们创造了怎样的童年？3岁不到就进入了所谓的托班以及早教机构，然后进入幼儿园学习，进行所谓的正规教育。接着就是上小学，开始进入一种工业化流程式的学习状态。孩子的世界以考试、卷子、分数、升学、名次、成功为主导，缺少了对生活与世界的感知，也缺少了对泥土、森林、草地、溪流、田园的触摸，缺少了对诸多自然现象最直接的观察，很少有机会用身体融入其中去体会这个世界和自然的神奇。

要是没有了好奇心，孩子将会怎样？

作为教师，我经常想：在今天这样的教育生态下，孩子们得到了所谓的高分，失去的又是什么？那些失去的东西会不会就是一个孩子成长中最重要的东西呢？

西方教育有户外课程，有关部门按照需求修建大量的户外徒步道。周末或是假期，父母几乎都会领着孩子去郊外徒步、露营，学校则会每学期安排野外露营课。两两对照，我不禁自豪起来，我的童年接受的不就是这样的户外教育吗？

看看今天的教育吧！我们总是把孩子关在教室和补习班里，这是一种非常危险的状态。一个人如果不知道泥土的芳香，就不可能真正感受到大地的美好；如果不知道落叶是如何归根的，就不曾真正感受过季节的美好。这样的人，大脑里装再多的知识也很难懂得体会人生真正的幸福。

作为教师，我对自然的一切怀有感情。我认为，最好的教育、最好的教室、最好的老师，是大自然。一所学校一定要有亲近自然的课程，让孩子在一定的时间或者特定的阶段，坚定地回到自然，接触自然，了解自然是什么状态，而自然最终会告诉孩子很多很多。

小时候，母亲告诉我，夏天在小溪里钓鱼、游泳或者抓螃蟹，一定要提高警惕。山后面下暴雨，大得可怕，暴雨之后的洪水会直接把毫无防备的人卷走，这是自然的脾气。我从小就见证了自然的巨大威力，泥石流、台风、暴雪，这些都是自然给我的教育。

抬头三尺有神灵，与自然的亲密接触，让我这个自然之子从小就懂得了敬畏自然万物。

而今天的很多孩子，之所以无所畏惧，是因为过分相信科技的力量。一个没有在自然中长大的孩子，不知道自然威力的巨大，就不懂得人类面对自然时的渺小。

我家门口有一块巨石，一年春天我惊奇地发现石头升高了。我把发现告诉了爷爷，爷爷说：可能石头底下有春笋！又过了两天，石头升得更高了，爷爷说石头下面肯定有竹笋。父亲和爷爷用了半天的时间，用铁棍把那块大石头撬起来，发现巨石底下果然有两根大竹笋。那石头起码有七八百斤，硬生生地被两根竹笋给顶上来了。

这就是自然的力量！

在自然中，我们会看到很多这样的现象。自然是人类灵魂的导师，充满了智慧的教育力量。这也是现在很多人最终会选择走进自然的根本原因，不管是回到终南山修行，还是去登山。生活给了人太多的困惑，犹如围城，我们寻找不到答案，唯有学会放下，回到自然，才能找到答案，找回自己！

回到自然聆听它的教诲，就会发现那些所谓的盛名与成就、那些掌声的背后只是无尽的空虚。自然会告诉我们，什么才是生命的真谛，如何才能找到真正的幸福，我们怎样才会获得内心的平静。

亲近大自然也是培养儿童感受力的最佳路径。学校教育对儿童感受力的培养路径是单一的，只有在大自然里，感受力的锻炼才是综合的。在自然界中，儿童会找到最有趣的事情，感官会变得敏感，四肢会变得灵活，胆量大了，判断自然也就准了……

我有非常强的方位感，那是长期在丛林里生活的结果。我利用自然的规律与常识，学会了很多辨别方向的办法，并应用这些知识来处理和解决问题。在大自然中认识地理，远比地理老师在黑板上给学生演示东南西北、教授如何辨别方向要强得多。从书本上的知识，到自我掌握的知识，还需要经历一个不断体验和实践的过程。而今天的教育更多只是让孩子们知道而已，少了为什么会有这样的知识的追问，少了对知识掌握过程的体会，更少了对知识应用过程的体验。

有一年，我和三个同学用了两天时间翻越我们那儿最高的一座大山，在丛林里几次迷路，关键时刻需要对方位进行判断，四个人中，我的判断是最准确的。最后，按照我的预判，我们成功走出了那片森林。我判断方向的方法很多：利用草长的方向、人活动留下的物品、脚印的新旧与方向、取水点是否有人取水的痕迹、取水点周围是否有动物的脚印、路上苔藓的新鲜程度等来判断最近是否有人走过。这些知识是自然教给我的，不见得什么时候会派上用场，但从综合能力的训练角度来说，它会影响人的终身发展。

每一个人都有自己的生命本源，那些经历对我们的一生产生了重大影响。

怒江 72 拐

我们每一个人的出生经历都是不一样的，成长的环境也各不相同。当我们选择当一个好教师的时候，有必要做一件事情——梳理自己的生命本源在哪里？是什么？在我们的生命本源中到底有多少经历跟教育是有关联的？那些本源对我们作为教师以及从事教育工作的意义又是什么？

我从大山来，很多教育价值观的源头，就是童年时期在高山、峡谷、森林、草地上那自由自在的生长经历。

我从大山来，大自然给我最大的恩惠是让我懂得了敬畏，懂得了教育充满自然气息的重要性，从而努力给学生一个充满自然状态的童年。

我从大山来，这奠定了我自己作为教师最本源的理解。我也期待每一个教师都能找到属于自己的那个本源，并给学生一个很多年之后依然值得珍惜和感恩的生命本源。

二、在拉萨

到哪里才能寻找到教师应有的这份平静、祥和、敏感与力量？

在拉萨，我找到了。

如果说，那一片森林与峡谷养育了我的美好童年，那么圣城拉萨，则是开启了我最柔软、最安静的那扇心门。

2003 年，我开始行走藏区，之后几乎年年上高原！最早行走藏区是受驴友"一抹蓝"影响。当时，她在我们当地组建了第一家户外运动俱乐部——"游吧部落"。

"游吧部落"组织了一些户外运动爱好者就近开展徒步、登山、穿越、露营、速降等活动。之后，大家就不满足于仅仅在当地转悠，开始前往藏区探险，因为那里才是中国的户外天堂。2003 年，我在川西走了一圈，发现在高原所看到的地理人文景观，竟超越了我原有对自然的所有认识。我第一次发现，原来自然之美远不止于家乡的森林、大山和峡谷。

来到藏区，这里的雪山与荒原更加唯美、神秘、辽阔、伟岸，那湛蓝的湖泊、透亮的蓝天和头顶上飘过的触手可及的白云，寺院、经幡、佛塔、藏居、青稞地，西藏让我见证了另外一种渗入灵魂的美，尤其是那摄人魂魄的蓝。

我一生最爱蓝色，而藏区就有那种一瞬间能穿透灵魂的蓝。

第一次去拉萨是 2006 年，在那儿待了一个多星期，后来又去了几次。那个地方被很多人称为"圣城"，对我来说，那里是我可以安放灵魂的世界。

拉萨，让我那颗躁动的心得到暂时的安顿。混在拉萨，内心宁静而平和，在其他城市我很难做到这一点，但在拉萨就可以。

躺在这座城市客栈的院子里，音乐、阳光、茶、一本书，以为一人一世界的时候，身边却慢慢聚拢了来自天南海北的旅行者。在这样宁静与闲适的氛围中，大家聊着各自的故事。可以静静地听，也可以偶尔参与神侃，一切都没有负担，每个人都是别人生命里的匆匆过客，被注视过、倾听过，仅此而已。

也许，这才是最好的生活状态。

我们的教育总是想尽办法教人成功、励志、出人头地，却很少教人学会放下，学会享受生活。人可不可以选择不成功？可不可以不选择世俗的优秀？在拉萨，面朝布达拉宫，思考生命和补上学会放下这一课，让我从更深层次思考生活的意义，思考如何才能走得更远。

2009 年，我再次进藏，一个人背包旅行。

到了拉萨，第一个目的地就是大昭寺。有了上回的经验，这次我不从游客云集的大门进入，而是沿着小路从侧门进了大昭寺，一个人溜达，居然到了僧人们住的后院。后院里种了很多小花，在纯净蓝天的映照下，一片盎然。那昂扬的姿态，那黄澄的颜色，炫耀着高原的阳光色彩，竟使我有一刹那的眩晕。

不多久，我见一位头发斑白的喇嘛，正朝我招手，让我跟他进去。

到房间里，我发现他正带着一个徒弟在画唐卡。我静静地看着，他们静静地画着，互相没有言语。时间仿佛定格在这一瞬间——在这座著名寺院的后院里，一个僧人，一个徒弟，一个旅行者，默默无声。过了很久，他们结束了作画，我结束了凝望。让我意外的是，他们将唐卡的草稿签了字送我，还给我一串祈福圣物——金刚结，表情柔和地对我说了几句藏语。虽听不懂，但此时似乎无须言语，我能感觉到他们眼里的温暖，也能感受到他们脸上的祥和。

这大概就是人类心灵的默契吧！

2015 年，我又一次来到拉萨，唯一不同的是这次我带着女儿来感受拉萨。牵着女儿的手沐浴在高原的阳光里，随着人流缓缓漫步于大昭寺广场，空气中弥漫着酥油和煨桑的气息。女儿久久凝望围着大昭寺朝拜的藏民，试着去感受他们无比坚定的虔诚信仰。那一刻，我发现女儿的表情特别平静。

是啊！在这样的环境中，一种平时很难体会的宁静、祥和、温暖会从心头流淌而过。我们的教育走得太快，我们的孩子和老师走得太累，我们的校园同样需要这种宁静、缓慢、祥和与温暖。

这种温暖的感觉在拉萨的大街小巷都可以体会到。租一辆自行车，在这个城市的大街小巷里慢悠悠地晃，再到拉萨河边上看拉萨的日出日落，躺在客栈的阳台上晒太阳，什么都不说，累了、困了，就把书放到头顶开始睡觉，自由、散漫。

在拉萨，将心放下，什么都不想。

在拉萨，回到最原始、最简单的状态。

在拉萨，享受平静，感受虔诚。

在拉萨，让灵魂短暂栖息。

……

人们喜欢拉萨，有很多很多的理由。我喜欢拉萨，是它可以让人找到一种久违的平静与祥和，那种浓重的宗教氛围，以及这种宗教氛围下人们虔诚的内心信仰。

教育同样需要宗教般虔诚的教育信仰。什么才是指向儿童终身幸福成长的好教育？面对身边围墙般的障碍，如何在坚守理想中行进？

在今天这样一个功利而浮躁的社会里当老师不容易啊！站在孩子面前，教师需要有平静与祥和的心境。我们心怀教育理想与责任，但是现实有时候也会让我们倍感压力、内心躁动，甚至心生无奈、焦虑与无力感。我们陷入一种循环式，甚至枯燥无味的陀螺工作状态之中，面对学生和教育，我们的感觉有时候变得麻木而不敏感，我们的心灵变得坚硬而不柔软。

到哪里才能寻找到教师应有的这份平静、祥和、敏感与力量？

在拉萨，我找到了。

每个人的灵魂都需要一个栖息之地，哪怕是短暂的安顿。每一个人的内心都应有一座圣城。它可以是经幡飞舞与诵经声弥漫天际的拉萨，也可以是一座大山、一座寺庙、一所学校、一片原野、一片树林……不管是什么地方，只要它能让我们的心灵有栖息的可能，只要它能安顿我们那颗偶尔躁动的心。

我们的老师需要有这样的冲动：周末或是放假了，背上背包，带上几本好书去那个梦想已久的地方，让心灵得到重新地安顿和梳理，让内心的躁动得到平复，让迷茫与未解在那里寻找到答案。

暂时的离开会让我们重新寻找到关于工作、关于教育、关于生活的意义。暂时的离开可以安顿好自己的灵魂，让自己重新上路，这样才能走得更远，走得更好。

拉萨的安静，大昭寺的祥和，能够于静谧之中鼓舞人心。我们的教育应该于自由、平和、包容与理解之中温暖人心。

三、灵魂导师

人生如课，像圣山一样矗立，默默无语，无须证明。

这么多年在藏区行走，见过很多圣山，关于雪山有一个深刻的感觉——没有一座雪山不神奇，雪山是人类最好的灵魂导师之一！

稻城三神山、梅里雪山、贡嘎山、四姑娘山、南迦巴瓦峰、哈巴雪山、念青唐古拉峰、玉珠峰、珠穆朗玛峰（简称珠峰）、雀儿山、巴颜喀拉山、阿尼玛卿山、年保玉则、冈仁波齐神山……我曾经在这一座座圣山脚下驻足，久久仰望，感叹雪山的神奇与深邃！

对人类来说，高山不仅仅有外在的雄伟，它还是灵魂的台阶，是宗教的源头。站在寂静、辽阔、苍凉无边的高山之上，静观风起云涌，喧嚣的灵魂能得到短暂的宁静，我们开始思考生命的真谛，并寻找通往未来的更远旅程，这就是山对人的启示。

山就在那里

珠峰——世界第一高峰！是一座你看一眼就会有窒息感的山峰，在它巨大的金字塔山体面前，你会瞬间顿悟什么才是伟岸！什么才是不凡！什么才是气势磅礴！什么才是包容天下！什么才是顶天立地！

从定日出发沿着珠峰公路盘旋而上，到了加乌拉山垭口就能见到巍峨连绵的喜马拉雅山脉。站在海拔 5210 米的垭口，四座 8000 米级雪山和数座 7000 米雪山一字排开！这世界再也难寻一个如此宏大的景观平台，可以纵览如此壮观景象！珠峰、洛子峰、马卡鲁峰、卓奥友峰就在眼前！矗立于天地之间！

这里才是真正的世界之巅！

转过山梁，迎面而来那源于极高山的恢宏气势穿透了我的内心，就是那一瞬间，没有人不被震撼，大家都激动得语无伦次。此时此刻，用再多的言语描绘眼前巍峨壮观的喜马拉雅山脉都是多余的。一路的跋涉，所有的旅途艰辛都是那样值得，哪怕仅是看它一秒！

在阳光投向喜马拉雅山脉的余晖中，我们开始下山，直奔珠峰登山大本营而去。来到大本营已经将近午夜，抬头仰望珠峰山区的夜空——银河悬于天际，群星璀璨，硕大如珠，触手可及，宇宙与我们如此接近。

凌晨，早早醒来。打开帐篷，晨曦中的珠峰静如女神。

早餐后，我们一行人从大本营出发前往登山前进营地。一步一步地靠近珠峰，每看它一眼我的心跳都会加速，有一种悲怆的狂喜！冥冥中，总觉得有某种神谕在召唤着我。越过山口，面对珠峰席地而坐，阳光穿过山谷，雪山静得让我忘记了时间的存在！我们默默无语！那一刻我知道，珠峰就是一位灵魂导师。我终于聆听到了这位灵魂之师的教诲，以从未有过的虔诚心境向珠峰长跪磕头！也许你会不解，我只能告诉你，只有你在生活中曾经无数次面对困惑与迷茫，只有你来到了珠峰脚下，才会懂得我为什么会那样虔诚！

从那一刻开始，我知道自己已经隐约找到了想要的感觉与答案。正如雪山的纯净与平和、宁静与孤独造就了珠峰的伟岸与恢宏气势，坦然淡定、大气精致、浑然天成的上课状态源于我们内心像雪山那样的纯净与平和，源于心灵的宁静与淡泊。

我总觉得，雪山与教育之间其实有着某种灵魂般的关联。在珠峰脚下，我感悟到了教育所需要的伟岸与大气。倘若一位教师能像一座雪山那样矗立在天地之间，他就会变得坚定而从容不迫，他的教学就会变得越发厚重、精致、灵动、大气！

带着这份感悟从珠峰回来，2007 年我上了两节有关抗日战争题材的公开课，所有听过课的同行都说：从那节课开始，我的课堂教学跟以前相比，显然更加淡定、精致、大气。这种课堂气质的变化从哪里来？只有我清楚，那是源于在珠峰山区那些日子里的感悟与精神提炼。

人生如课，像圣山一样矗立，默默无语，无须证明。课能如此，人能如此，这是我们教育人一辈子不懈努力的境界！

静静等待

蜀山之王——贡嘎山，主峰海拔 7556 米。它脚下的大渡河，海拔不到 2000 米，垂直落差高达 5000 多米，比珠峰更大，所以贡嘎山更加陡峭、险峻。

贡嘎山区属于海洋性气候，常年云雾缭绕，要看到它的真容不是一件容易的事情。去看贡嘎山，前后用了三天时间。第一天来到贡嘎山北坡的子梅垭山口，云雾缭绕，什么都看不到，等到天黑，云雾毫无散开的样子，下山睡在藏民家里。第二天，同样令人失望，什么也没有看到，唯一能做的就是继续等待。终于在第三天早晨，上天眷顾我们这些远道而来的朝圣者，可以一睹它的尊容。

第三天一早，我们终于等到了好天气！天空湛蓝，晴空万里。满怀喜悦上山，站在子梅垭山口仰望，但是贡嘎山周围依然云雾缭绕，这就是极高山的小气候，唯一能做的还是等待。阳光如利剑般穿过层层云雾，风起云涌，如梦如幻。上午九点多钟，云雾慢慢散开，贡嘎山顶峰渐渐地露出米，阳光穿过云层投射在蜀山之王上！

日照金山，无比圣洁！心潮澎湃！

云雾终于完全散开，整座贡嘎山露出来了！面朝贡嘎，席地而坐，什么都不用想，就这样静静地看着它。闭上眼睛，耳旁是贡嘎寺喇嘛悠远深邃的诵经声，意境深远、沁人心脾，山、人、自然仿佛有了神灵般的对话。

这来自高山之巅的精神洗礼，浸润着我的内心世界，也滋润着我对人生、课堂、教育的理解和体验。几年后在青海久治县的年保玉则，我的身边有三位喇嘛面朝雪山圣湖诵经朝拜，其中一位八十多岁的藏族老奶奶，丝丝银发，手持念珠，静坐湖边，留给我一个永生难忘的温暖背影。从贡嘎山到年保玉则，不同的场景，同样的圣洁，心灵再一次得到滋养。

仰望异常陡峭的贡嘎山北壁，遥想当年登顶的巨大艰难，三名登山者在首登蜀山之王中没能安全回到人间，这又是另外一种力量的浸润与洗礼。

人类好奇的力量、梦想的力量，就在这极高山的攀登之中展现无遗。

在珠峰登山大本营东侧有着著名的珠峰墓地，两百多位因为攀登珠峰而遇难的登山者都在此留下了印记，亲友们都会在这里堆一个玛尼堆。有的留了一个铭牌，有的就堆了几块石头，上面刻上名字与生平。珠峰墓地不禁让我感慨万千，他们为了梦想来到这里，也因为梦想而永远留在了这万年冰雪之中。

静静站在那里凝望每一个名字，一个个曾经鲜活的生命。我在想：是什么召唤他们来到这里？是梦想，一个期待登顶世界之巅的伟大梦想！尽管他们知道危险重重，甚至要付出生命的代价。

为梦想活着！也许会因为梦想而永远留在路上，但是梦想依然会召唤我们上路。我们的教育，应该是播种梦想的过程，让每一个人都能带着梦想上路，尽管前路漫漫。

在梦想的召唤下，我一次次来到圣山脚下驻足仰望！拥有一个坚定的梦想，是人一生最重要的一件事情。作为教师，不仅仅是传授知识，更重要的是培育学生拥有一个像登顶珠峰那样坚定的梦想，还有对未知世界的好奇之心。

年保玉则——最温暖的背影

后来读《进入空气稀薄地带》，作者详细描述了 1996 年珠峰山区最大的一次山难，前后一共有 12 位登山者在暴风雪中遇难。领队霍尔在海拔 8600 多米的一个小露台上给他妻子打了最后一个电话，让妻子安心睡觉，告诉妻子自己永远爱她。他知道，自己将永远留在山上，却表现得那样平静！

第二天上山的登山者看到他冻死在一个小岩窝里。是什么让他在面临死亡依然如此平静？有一点是肯定的，那无疑是山赋予了他力量和信仰。所有登山的人都知道，自己可能要面临这一天，生死面前，早已平淡。

人的一生需要多少历练，才能在生死面前如此平静？

我们总是想太多生的事情，而很少想自己将会如何死去，尽管这是每一个人都绕不过的话题和归宿。当死亡来临，我们也许会因此而恐惧。认识人类将如何死亡是我们教育重要的一课，可惜我们缺失了。

四、登顶哈巴

小沙说:"你按照自己的节奏走,不要在乎快和慢,不会有问题的!"

人生要经历的五十件事情,登一座雪山是其中的一件。

我用了半年的时间准备,去攀登属于我的第一座雪山。为什么要登一座雪山? 对我来说更多是源于一种好奇和冲动,我想看看雪山顶上到底是什么样子? 经历千辛万苦的攀登,站到雪山顶上是一种什么感觉?

没有其他原因,动机单纯。

我花了好长时间去说服我妻子。那段时间我坚持跑步,每天至少跑 5000 米,积蓄体能。经过两次适应性训练,购买了一些登山设备,于 2011 年 10 月 24 日前往云南,在丽江待了两个晚上,然后前往金沙江边的哈巴村。

由于是第一次攀登雪山,内心充满忐忑。第二天一早从哈巴村出发,骑马前往登山大本营。骑马上山对我来说是第一次,人被颠得实在受不了,浑身酸痛,后来干脆下马背包徒步,下午四点多到达了大本营。大本营位于哈巴峰海拔 4050 米左右的一片平缓草地上,营地盖了两排木头平房。我们到的时候比较晚了,好位置都让别的登山队给占了,只能将就在一个角落里。

夜里睡觉,十几个人挤在一个大通间里。半夜里老鼠在床上窜来窜去,搅得人没法睡觉。后半夜起来上厕所,雪花不停,我心里默想:要是明天还是这样的天气,估计麻烦。不久,有几个登山客开始出发上山,不时传来相互告别的声音。

一整夜，就这样迷迷糊糊地过来了。

大家都是第一次登雪山，不知道会遇到什么情况，都没有睡好。早上起来，天还是阴沉沉的，简单吃了一点儿东西。我的状态不是很好，有一点轻微高原反应，海拔上升太快，测试了血氧含量还算正常。凌晨出发上山的几个登山者回来了，带来了坏消息——山上依然刮大风，出于安全考虑回来了！有个家伙是第二次尝试冲顶了，但是假期快结束了，只能下山。大伙安慰他，圣山永在，明年再来，只要梦想依然坚定！

十点钟的时候，天气开始好转，阳光穿过云层，放晴了！我们经过商量，准备前往海拔4850米的突击营地过夜，这样可以提高登顶的概率。整理好装备，开始出发！前面的路段还算平缓，不久开始攀爬长长的大岩壁——大石板。坡度有三四十度，不算太陡，但是背着一个大包也累得够呛！海拔4400米左右进入坡度很大的冰雪岩石混合路段，由于没穿冰爪，感觉脚底一直打滑！

到了海拔4600米的时候，需要过一个横切的冰雪路段，坡度很陡，下面就是悬崖，要是不小心滑坠下去就真成了"鸟人"。队友"九弓"在前面开路，我谨慎地跟在后面。这时，我突然发现队友"顶峰"居然没有冰镐。一问，原来这小子在过一个横切路段的时候，不小心把冰镐掉到悬崖底下去了。经过和"九弓"商议，我和他一起与"顶峰"协作过横切路段。这个路段过得很是艰苦，由于紧张，我全身是汗，体力耗得比较多。下午四点多到了海拔4850米的突击营地，已经累惨了。

下午五点左右，天气很快变得恶劣。乌云堆积，飘起了雪花，刮起了大风，而且越刮越大，几近咆哮。大家当时都在搭建帐篷，在搭好了两顶帐篷准备搭建第三顶的时候，一阵妖风袭来，结果把帐篷杆直接给吹到悬崖底下去了！真是要命！

最后没有办法，我们决定挤一挤算了。本来睡两人的帐篷挤了四个人，拥挤不堪！

铲雪、烧水、泡面，简单吃过之后大家开始半躺着休息。风越刮越大，声音如鬼哭狼嚎般！帐篷都被吹得变形了，怕是连我们都要给刮到崖底下去。"顶峰"小心翼翼地说："我们四个合起来有五六百斤吧？这风力估计不够！"帐篷五六米开外就是两三百米高的悬崖，大家心照不宣，挨着等天亮。

一夜狂风，幸好无事。凌晨的时候，风停了。我们开始整理行装，烧水，简单吃了点儿东西，准备出发冲顶。我毫无胃口，甚至有点儿恶心想吐！估计是高原反应加上两天两夜没睡好，体能消耗非常大的缘故！整个人晕乎乎的，胃里像被掏空了似的。

高山协作小沙帮我一起整理装备，冰爪、雪套、羽绒服、手套、冰镐、上升器。这是一个二十出头的纳西族小伙子，非常细心，详细检查了我所有的装备情况，跟在我后面，准备出发。

从营地出发，海拔上升还不到一百米，我感觉非常不舒服，表现的状态首先是头晕，休息了片刻就开始呕吐，吐得很厉害，几乎把早餐吃进去的那点儿东西全部吐出来了。吐完之后，感觉好点儿了。

小沙问我："感觉怎么样？你还登吗？"我当时想：已经来到这里了，好歹得往上面挪一挪。于是休息了片刻，继续往上走。过了第一个很长的大雪坡，爬到坡上面，第二次呕吐，吐完之后，身体虚脱，双腿发软。

这时候我真的开始怀疑自己能否登顶了！心里有了下山的念头，回头问小沙："我能登上去吗？"小沙看了看我，说了一句话："看你走路的样子，应该可以上，要相信自己的能力。"我想了想，默默地背上包，从那个雪坡翻过去，大约又走了不到50米，第三次呕吐，其实胃里基本上没有东西可吐了，但是还在翻江倒海。休息了一小会儿，我抬头问小沙："你确信我可以在十二点之前登上去吗？我总觉得自己应该下山了，明年再来吧！"

小沙很认真地看着我说："你确定就这样放弃了吗？我很熟悉这座山，根据我的观察，你应该没有问题，我带过的客户还有比你状态差的，但最后都成功登顶了，只要你还往上登，我一定在你身边陪着你。"

我很认真地想了想：就这样放弃了吗？我已经尽力了吗？小沙熟悉这座山，我得相信他，更得相信自己！突然间，我觉得自己好像有了一股力量。小沙说："你按照自己的节奏走，不要在乎快和慢，不会有问题的！"

背上包，再次上路，状态完全不一样了。我先以二十步的速率往前走，后来变成十五步、十步，最后五步。就这样，一小段一小段，一步一步地往上挪。

爬上最后一段陡峭的雪坡，边上就是垂直几百米的绝壁悬崖，中午十一时三十七分，我终于登顶哈巴峰主峰。

放下背包，没有想象的那样激动。我开始环顾四周，山腰一片云海。天气特别好，远处的梅里雪山和稻城三神山清晰可见。对面的玉龙雪山在阳光的照射下，闪闪发亮。山谷里就是闻名世界的虎跳峡大峡谷！此等景观，只有站在雪山之巅才能尽情欣赏。回头走过的路——蜿蜒、曲折、险峻，但是我已经走过来了，没有想象中的那样艰难。

拍照，逗留了十几分钟后开始下山。我反复提醒自己，登顶成功只是成功了一半，安全下撤才是一次完整的攀登。小沙也提醒我，下山会更不好走。因为哈巴峰的山难基本上都是滑坠，经过每一个路绳的节点，他都会注意检查我的安全扣是否已经扣好，以避免发生滑坠，非常敬业。

下到前进营地的时候，我的体能耗尽，小沙几乎是把我拖到大本营，极为狼狈！由于两三天没有睡觉，从大本营到哈巴村的路上，我在马背上差点睡着，队友和马夫不停地提醒我别睡着，以免一头从马背上栽下来。

登顶哈巴，是我人生中对一个新领域的第一次尝试。

梦想实现，终于体会了站在山顶的感觉。圣山之巅，风起云涌，气象

登顶了，和小沙来个特殊的纪念照 ▶

万千，那感觉真是太美妙了！所有的这些，均源于一个简单而坚定的梦想。梦想是有力量的，是起点，是过程，是归宿，更是新的起点。只要心中拥有梦想，未来一切皆有可能。

一个优秀的教师，更重要的是播种梦想，当每一个学生的心中都有了梦想的时候，教育才能产生更大的力量。

只要梦想在延续，路就会走得更远。哈巴雪山归来后，我开始计划攀登第二座雪山，也在构思我更大的教育之梦。

虽然和小沙接触只有短短两三天，这个小伙子言语不多，但我觉得他不仅是一个优秀的登山向导，更是一个好老师。不仅因为他专业、敬业，更因为他懂得守望和激励。回到大本营，我把一些高山装备送给他做纪念。

在我看来，小沙具备了一个优秀教师所需要的关键品质——专业、尽责、激励、守望、对客户不离不弃。他给人安全感，而且最重要的是，他懂得守望而不代替，用自己的方式来激励人，给予人力量。人在极端情况下遇到困难，会很犹豫，到底行还是不行？当高山协作坚定地认为你行的时候，你就有了力量。这个时候最需要的，其实就是充满正能量的一句话，而那句话瞬间就能让人感觉到力量。

作为老师，我们是不是也应该这样呢？当学生无助的时候、特别困惑的时候，给他们鼓励，给他们正能量，给他们温暖与坚定，让他们感觉到力量，看到希望，并出此坚定前进的步伐。

攀登哈巴雪山，让我对潜能同样也有了重新的理解和定位。就我个体而言，如果仅仅靠小沙的几句话，是不可能登顶的，同时起作用的还有自己强大的意志力。登山，考验的是体能和意志。小沙给了我力量和心理上的安全感，但是路还是得自己走。攀登中的每一步都在考验着我的意志力，每一步我都在告诉自己：坚持、坚持、再坚持！从某种程度上讲，是意志帮我"扛"到了山顶。

人有的时候就是一念之差，当我们选择了用意志去战斗，很多事情就不会像想象的那样艰难。就教育而言，当下儿童缺乏意志力是一种普遍性现象。一个优秀的教师应该有意志力，更要懂得如何塑造儿童的意志力。很多事例已经证明，意志力是一个人一生能否幸福与成功的最重要的核心品质之一。一个孩子如果从小就拥有坚定的梦想和强大的意志力，那么他的人生将注定精彩。

山是伟岸和意志的象征。感谢哈巴，让我又一次收获梦想，收获意志的力量。

五、可可西里

　　高原平坦、辽阔，一览无遗，荒野的尽头是绵延巍峨的可可西里雪山！我忽然发现自己置身其中是那样渺小，那样微不足道，仿佛一颗微尘。

2007年夏天，我去了可可西里！

　　最早知道可可西里，是一则有关野牦牛队长索南达杰与盗猎分子展开激战而壮烈牺牲的报道。当时也没太在意，仿佛那是一个遥远的世界，更没有想过自己有朝一日会站在那一片人类生命的禁区去观察世界的神奇，感受生命的真谛。

　　后来看了陆川导演拍的电影《可可西里》，深受感动，也才知道它的创作原型就是索南达杰——第一批野牦牛保护队的队长。他生命的最后时刻正是在可可西里跟盗猎分子激战，身中数枪，临死还保持着射击状态。

　　那段时间，我正在设计小学品德与社会教科书四年级上册的《美丽的生命》一课，内容主要是关于动植物的保护，以及学校生命教育课程新的探寻。很自然地，我萌生了去一趟可可西里的想法，但是很快又觉得这事有点不靠谱。原因很简单，因为那里是生命的禁区。

　　可可西里位于青海西部、西藏北部、新疆南部，土地广袤，人迹罕至。当地的自然条件极其恶劣，平均海拔5000米以上，气候寒冷，空气稀薄，即使是一年中温度最高的夏季也时常飘着鹅毛大雪。但就是这样的一片生命禁区，却是野生动物的天堂，那里生活着藏羚羊、藏野驴、黄羊、野牦牛等珍稀野生动物。

经过精心准备，我和同伴走青藏线去了可可西里。站在那片苍凉的大地上，我看到了生命的伟大与坚韧！用手抚摸荒野上的草甸，坚硬如板刷，众多野生动物就是以此为食，在如此高的海拔存活下来。高原平坦、辽阔，一览无遗，荒野的尽头是绵延巍峨的可可西里雪山！我忽然发现自己置身其中是那样渺小，那样微不足道，仿佛一颗微尘。

站在索南达杰的墓碑前，碑文很简洁：功盖昆仑、音容常在。我尝试去读懂他的内心世界，我知道，那是一种信仰的力量，一种对生命的敬畏与自然的尊重！

信仰与敬畏生命是很少有教育者能够深入领悟进行教育思考的领域。很多老师缺少教育信仰，很少用纯粹的视角去理解教育，我们总是期望赋予教育太多功利的目的，生命不能承受之重，教育已不堪重负。

好的教育，是为了成就那一个一个不一样的生动的生命个体，是为了让每一个独一无二的生命都能焕发出他们本应有的生命光泽。

也许我们需要把教育问题看得纯粹一点，尽量离孩子们的生命成长本质近一点，用一种信仰的态度对待我们的教育。也许我们的处境像可可西里一样艰难而恶劣，但是这没有关系，只要我们已经看到了生命的力量、信仰的力量。

从可可西里前往拉萨的路上，经过海拔 5300 米的唐古拉山口。漫天风雪，我穿着羽绒服冻得瑟瑟发抖，严重高原反应，头痛欲裂。车窗外是一个十七八岁的藏族少年，穿着藏红色的单衣，露着单臂，他正走在朝圣路上，全身都是雪花，胸前沾满了泥和雪水，漫天大雪并没有让他有停下的意思。当我的目光和他对视，我看到了从来没有见过的清澈眼神，那样平静，那样安详，那样坚定……

每次进藏，都会被朝圣的藏民震撼和感动，他们在长达几年的时光中用身体丈量高原大地，就是为了心中那一个信仰——前往大昭寺朝圣，祈求自己和身边的人来生幸福。他们一步一步从我们身边经过，起身，三步，磕头，用身体丈量大地，再起身，如此反复简单的动作直至拉萨。在车上，我和同伴讨论一个问题：到底是什么样的力量促使藏民如此千里迢迢，耗时几年的时间，坚持不懈，哪怕死在路上，也就留在路上了，活着的继续上路？

后来看《非凡之旅——进藏》纪录片，结尾有这样一段话，道尽了朝圣藏民的信仰哲学：

> 简单地印佛经，是为了简单地来生能有幸福；简单地不作恶，是简单地敬畏必然而来的因果报应；简单地忍受整年磕长头般的苦难，是简单地认定能让亲人少一些苦难！就这样简单下去，再简单下去，脑子没弯了，手脚有劲儿了，山顶慢慢低于脚面了，未来就在眼前了！你我竟然像山、云、湖水和星空一样！一直在老去，一直在变化，一直没有问题！再简单下去，再这样下去，你我就都是佛了！

信仰，其实很简单！简单是最大的信仰智慧！

如果我们的教师能像那些朝圣者一样，有简单而坚定的信仰，我们的教育将会怎样？我们的教育改革之路将会怎样？

也许，我们应该对生命始终心怀敬畏，始终保持我们的敬畏与渺小！当下社会，缺少了必要的敬畏之心，有些人已经到了无所畏惧的程度，一再被突破的社会道德底线，不断挑战我们也许已经麻木的神经，这也给教育带来了极大的危机。都说教育引领社会，但是我们的社会又为教育做了些什么呢？教育、学校、教师、儿童在一个普遍欠缺敬畏之心的社会里不被裹挟已经属于万幸。

每一个人都有必要为儿童的良好社会性发展创造保有敬畏之心的社会环境，这关乎每一个家庭的幸福、每一个儿童的良性成长！这应该成为大家共同的信仰！

面对孩子和面对神山圣湖是一样的！

让索南达杰坚持在可可西里战斗的，正是他们朴素的信仰，对生命与自然充满敬畏的简单信仰！

破解教育的围墙，同样需要教育的"索南达杰"们！

六、江河之"殇"与教育之"伤"

　　每一个孩子的成长，就像一条条江河一样，从涓涓细流到大河东去，需要在顺应儿童天性的前提下，通过适度的教育干预，让他们得以自由地生长。

　　迷恋藏区，是因为藏区是天堂，但是天堂有时候离地狱也就一墙之隔。

　　每次进入藏区，都会看到很多不愿意看到的场景，其中最触动我神经的就是几乎所有的名江大河都在修水电站。岷江、大渡河、金沙江、怒江、澜沧江、雅砻江……每一条经过的江河几乎无一幸免！

　　2009年夏天，我经马尔康沿着大渡河一路南下到丹巴县城。站在悬崖之上鸟瞰大渡河，大渡河水流湍急，两岸悬崖绝壁，惊涛拍岸，声音震耳欲聋，那自由奔腾大江东去的磅礴气势带给我强烈的视觉和心理上的震撼。但是车未行至金川，只见整片大山被开膛破肚，山谷被削去了一半，河流改变了方向，公路从一个山洞穿过去，大山的植被遭到严重破坏，千疮百孔。

　　出了山洞，眼前是一派繁忙的施工景象。同行的老韩告诉我，这里在修建大渡河水电站，投资两百多个亿。推土机、挖掘机、塔吊、工程车来回穿梭，到处尘土飞扬。道路变得异常颠簸，回想刚才大渡河自由奔流的万千景象很快将不复存在，难免心情复杂，伴随着身体颠簸的，还有内心的无奈和愤怒。

　　后来有机会全程穿越金沙江虎跳峡，从上虎跳到下虎跳。夹在玉龙雪山和哈巴雪山之间的虎跳峡堪称世界奇观。两岸高耸入云的悬崖绝壁，脚下惊涛拍岸的金沙江，因此虎跳峡也成为世界众多户外徒步爱好者天堂级别的徒步线路。但就是在这样的一个世界自然奇观区，也准备修建水电站。

万幸的是，经过两岸原住民多年的抵制与抗议，虎跳峡水电站修建计划得以暂时搁浅。但是谁知道呢？也许哪一天又会再次悄悄上马。

为什么要破坏这样的一个世界自然奇观，热衷于修建一座又一座的水电站？难道我们对电能的需求一定要以破坏这样的世界自然奇观为代价吗？有没有更好的办法，在电能需求和环境保护之间更智慧地寻求一条平衡之道？只要电能不管环境，我们将会为此付出沉重的代价。

而一旦大坝修成，世间便再无此等惊世景观，除了无奈和悲伤，不知如何言语。三峡已经再无李白笔下"两岸猿声啼不住，轻舟已过万重山"的景象。

每一条江河都是有生命的，自由奔流是它们生命的象征，是它们存在的意义和权利。不管是大渡河还是虎跳峡，一旦修成水电站以后，我们就再也看不到大江东去的奔腾气势。一条自由流淌的江河被人为切断，由此带来生态的破坏和自然奇观的消失，江河将会以加倍的反作用力来惩罚人类的无知与短视。目前，有很多江河因为修建了大坝而出现的种种环境问题，已经告诉我们这样的无知与短视所要承受的代价是什么！

江河当然需要治理，但治理需要顺应江河的脾性，不是简单甚至粗暴地筑起钢筋水泥大坝，把江河拦腰切断！著名的都江堰水利工程就是很好的证明，中国古人很早就懂得因势利导，顺应万物之道，只有这样才能更好地利用江河的力量为人类造福。

当下教育的很多措施与在大河之上修建水电站类似。儿童更多的时间应该在自然、乡村、原野上自由地奔跑，应该阅读、研究、实践、探究，以满足和激发他们的梦想、好奇心、想象力和创造力，应该走进社会研究社会，以培养他们良好的品格和素养。可现在，他们更多的时间却用在了各种补习班、提高班、分数、竞赛、选拔上。

那些连课间十分钟都要用来做作业的教育，那些言辞凿凿规划好学生每一分钟的教育，那些眼里只有分数没有人的教育，那些以升学率高低论英雄的教育，那些鼓吹成功忽视幸福的教育，那些崇尚效率忽视学习是慢过程的教育，那些只有标准忽视多元的教育，那些赢在当下忽视未来甚至会输掉未来的教育……无疑就是修在每一个孩子成长路径上的一座又一座的大坝。

我们以所谓现在的成功、成就、成绩获得所谓的教育业绩，忽视了为儿童终身幸福成长奠基，忽视了一个个儿童的幸福与未来，这些有理由让作为教师的我感到痛心和羞耻。

终有一天，我们会发现那些类似于修建大坝让江河不再自由流淌的教育，会对孩子的一生造成不可挽回的伤害。

每一个孩子的成长，就像一条条江河一样，从涓涓细流到大河东去，需要在顺应儿童天性的前提下，通过适度的教育干预，让他们得以自由地生长。

在大江大河上修水电站是江河之"殇"，也警示着我们当下的教育之"伤"。

七、丽江慢

　　我们是否已在教育功利主义道路上走得太远，走得太快，忘记了为何出发，忘记了教育的本质是为人们更幸福、更有尊严地生活做准备的初衷？

　　云南丽江，去了好多次。这个西南的高原之城，给我最大的感觉就是——慢。

　　去丽江是为了寻找一种久违的闲适与宁静。尽管我是一个安静的人，尽管我不停地告诉自己，在转型时期的中国做教师，要用平和的心态来面对生活与工作中的种种挑战，但是浮躁的心态时常会出现在我的心中，于是多次的丽江之行便顺理成章。

　　丽江是茶马古道上的一个千年古镇，在这里我们能感受到它的舒展、缓慢与宁静；在这里时针也不由自主地放慢了走动频率，人们脚步舒缓，心境平和。走在杨柳依依的古街旁，清澈的玉龙雪山融水从脚卜潺潺流过。找背着包，不时用镜头与心情来捕捉那久违的缓慢与宁静。玉龙潭公园、束河古镇、白沙……我把镜头对准了那些正在享受高原阳光的纳西族老人。纳西族是一个才华横溢的民族，纳西古乐、东巴文……也许只有拥有那样一份闲情逸致的民族才能创造出如此文化瑰宝。甚至连这里的小狗也不例外，天天幸福地趴在院子里晒太阳。我曾经拍过一条很特别的狗，当我拿着相机去拍它的时候，它懒洋洋地睁开一只眼睛，斜睨了我一下，然后慢慢把眼皮耷拉下来，呼呼睡去，慵懒至极。

生活在丽江，连狗也是缓慢而幸福的。

夜幕降临，找一个僻静的阁楼，一杯清茶，一扇朝北的窗，就这么静静地坐到凌晨。窗外星空万里，那一刻我找到了一个教师最重要也最易被常人忽视的品格——守望宁静，守望孤独。对面酒吧的墙上写着一行字："慢走啊！让我们的灵魂跟上脚步。"我不禁想到另一句话："我们已经走得太远，忘记了我们为何出发！"

丽江的缓慢与宁静让我反思当下的教育和学校。我们是否已在教育功利主义道路上走得太远，走得太快，忘记了为何出发，忘记了教育的本质是为人们更幸福、更有尊严地生活做准备的初衷？教育变得没有温暖与幸福可言。我们往往会把简单的事情复杂化，太急于求成，太渴望立竿见影，总是忙忙碌碌，忙得连静下心来思考的时间都没有了。考不完的考试，做不完的卷子，没完没了的评比，没完没了的检查……教育变得让人精疲力竭，乏味不堪。这并不是真正的教育，教师也不应该成为盲目的行动者。教育其实是一种慢的艺术，好教育就是慢慢成就儿童，成功的教育犹如煲一锅汤，需要文火慢慢地炖，要炖得入味需要的是时间与耐性，而我们最缺的就是耐性与等待。

佐藤学说："教育革命要求根本性的结构性变化，它绝非是一场一蹴而就的革命，因为教育实践是一种文化，而文化的变革越是缓慢，才能得到确实的成果，因此教育应该是静悄悄的革命。"但是现实有时候又是那样让人无奈，我们总是等不起，办教育像搞运动，一阵风似的刮过，留下"一地鸡毛"。也许我们能做的很少，我唯有精心呵护源于丽江古城的那份久违的缓慢与宁静，尝试在每一个教育行为中给学生更充裕的时间，给他们更多的机会，慢一点，再慢一点。我坚信，只有那样才能真正触及教育的本质。

八、开一家客栈

> 这样的经历让我第一次真真切切地感受到了所谓的人生无常。没有什么东西是永恒的,这世界充满了太多的未知与变故,谁说我们能把控自己的人生?

我有一个愿望:老了,去云南开一家客栈,好好享受慢生活。

为何心怀如此梦想?这源于多年的行走经历,期待更贴近自然、心境放松的生活状态。而 2010 年春夏间的一场变故,更坚定了我的想法。

这么多年来,我一直处于奔波状态,忙于学校管理、专业发展、上课讲学、出席各种会议。2010 年春天,我从杭州独自开夜车回温州。途中,突然发现自己没有办法控制车辆,莫名有种不祥之感。我费尽全身气力,精神高度紧张,终于把车安全开到家。夜里两点多躺下休息,没多久就被后背传来的巨疼痛醒。我想可能是最近一段时间太累了,所以没当回事。第二天七点多的时候照样赶去上班,白天没有太强烈的感觉,晚上睡觉到后半夜更疼了。

只能去医院检查。先去拍了一个片子,医生说可能颈椎有问题。不放心,又做了一个 CT。拍完 CT 之后,医生直接把我叫过去,告诉我非常麻烦,左侧胸腔严重积水,建议我马上就办理住院手续。

住进了内科病房,当天晚上就开始放水,后背打了一个洞,管子伸进去,放出了 1.2 升左右的积水。后来还做了各种各样的检查,化验出来的所有结果都是正常的。但是,住院半个月以来,我的胸腔每天还是产生很多积水,每天都要放水。由于一直找不到病因，医生也慌了，内科主任把我妻子叫过去，跟她说：病情估计会很严重，你赶紧送上海。这把我妻子给吓的！于是，很快转院到上海，又做了一次全面检查，结果还是没有发现任何异常。又经过了 20 天的治疗，还是毫无效果。上海的医生说，这么多年没有遇到过这种事情。最后留下一种可能性，他们怀疑是一种长在肋骨里的癌症。所以，马上就做癌症穿刺化验，化验结果要等一个星期后才能拿到。医生和我都很清楚，如果确诊的话，估计麻烦就大了。我感觉自己命悬一线，悲观情绪开始蔓延。

等待结果的那个星期，是我人生到目前为止最特别的一个星期。头两天很烦躁，有时候甚至会扔东西。妻子一句话都没说，只是把我扔掉的东西默默地捡起来放好。我不说话，也不看书了，就那么长时间呆呆地看着窗外。

隔了两天，脑海里开始想很多很多，关于教育、关于事业、关于使命、关于家庭、关于孩子、关于成功、关于生活、关于拼搏、关于得到、关于失去、关于活着、关于健康、关于幸福、关于放下，而所有的一切，在疾病面前都显得如此苍白无力。佛教说：万般带不去，只有业随行。那一个星期，我才慢慢想懂了一些。十年经营的自信，只需这一个结果，就能将人击垮。

人其实很脆弱！

我甚至想到了交待后事的问题。几个特别要好的朋友，从各地飞到上海来看我，他们几乎什么都不说，但是我能感觉到他们的遗憾和忧虑。唉，就跟人生告别仪式似的！

终于到了有结果的日子。那天，医生板着脸进来说："39 号床的家属来一下！"我们当下神情紧绷，妻子飞快跑了过去。那一刻，我的心怦怦跳得厉害，几乎蹦到嗓子眼儿了。仅仅过了十几秒，妻子又飞快跑回来，大声说："医生说不是！检查报告没有发现癌细胞的迹象！"

后来医院从上海胸科医院、瑞金医院调了专家过来，组成了一个专家小组，在第三天上午给我做了一个会诊，查阅了所有的检查报告。主导会诊的是一个头发斑白的老医生，七十多岁，和蔼、细致，后来听说他是我国胸科领域的权威专家。他和我聊天，让我放松思想，相信医生，问了好多问题，最后给我制订了一个治疗方案。大约过了半个月，有一天去检查的时候，居然发现没有积水了，又过了一个星期就痊愈了。

没有原因，就这样痊愈了！这场病生得莫名其妙！回到家休息了两个月，自我感觉又健壮如牛了。当年 11 月份的时候，我到稻城亚丁徒步；第二年，去云南爬雪山；2011 年，带上妻子女儿完成了二十多天的丝绸之路自驾。

这样的经历让我第一次真真切切地感受到了所谓的人生无常。没有什么东西是永恒的，世界充满了太多的未知与变故，谁说我们能把控自己的人生？哈维尔说："病人比健康人更懂得什么是健康，承认人生有许多虚假意义的人，更能寻找到人生的信念。"

作为教育者，我们该从无常的世界和人生中引领儿童建立起一种什么样的人生哲学？应该有一种怎样的生活态度和价值选择判断？这应该也是教育应该要有的内容。我总觉得人生没有多少时间了，要抓紧时间做事和经历。正如王石先生所说：人生活得精彩比活得长更重要。

我们总是强调教育孩子如何成为一个优秀的人，怎样做一个成功的人，怎样创造一番伟大事业。唯独没有和他们探讨如何学着放下，唯独没有和他们探讨怎样做一个在进取和恬淡之间平衡有度的人，如何学着在平凡的生活中体会幸福，也没有和他们探讨人生在某些时候可以选择离开，可以选择不优秀。

也许有人会说，这些是没有办法教的，需要他们用生活的历练来顿悟和体验才会有一种改变。但是教育的前瞻性可以让我们和孩子适度探讨什么才是适合自己和应该拥有的人生，这也是教育所不能缺失和忽视的。

我期待会有这样的一天，在云南开一家客栈，恬淡而平静。同样是关注教育、喝茶、阅读、思考、绘画、写作、旅行、讲学、公益。面朝雪山，春暖花开；漫天黄叶，四季如歌；慵懒，散步，骑车，发呆；静，想，听，写，悟，睡，醒，走……

要的就是这样一种状态，一辈子体验过就可以了，也许结果并不重要。而这样的心态，是不是就是更好的教师存在状态呢？

九、最美好的教育在路上

行走，让女儿学会了思考。站在敦煌石窟的千年壁画前，面对那来自盛唐的飘逸，她惊叹之余，也发出了对敦煌罪人王圆箓的质问；站在玉门关的遗址上，她围着那来自汉代的土墙走了一圈又一圈，疑惑地问："这就是玉门关？"……

我一直认为，最好的教育要充满自然气息，最美的学校和教室就是大自然。一个儿童只有在广泛接触自然中才能实现立体、有温度的成长，因为自然是最好的老师。

我也曾经构思过心目中理想学校的样子，那样的一所学校应该处在乡间而不是城市，周围群山环绕，森林茂密。

学校不大，用原木盖的两层教学楼弥漫着木材的清香。学校为学生提供了多元选择的课程设计，所有的教室都环绕着学校中央那一间敞开的大图书馆，从各个教室里涌出来的孩子们可以从不同的方向进入图书馆，在这个大图书馆里自由阅读与交往。

校园里种植着各种各样的鲜花与树木，教室里同样堆满了图书，种植着各式水培植物，窗台上有太阳花、玫瑰，还有水仙和风信子。一条小溪从山上被引到校园里，从学校里蜿蜒流过，孩子们可以聆听潺潺的流水声，看到水底如丝般的水草和大块的石头，小鱼儿在水里自由地穿行。

学校里有矮矮的小山坡，还有草垛与树桩，孩子们可以从草坡上面自由地滑下来，也可以趴在草地上看书、画画。学校里有瓜果蔬菜种植园，一块小麦田，一个可爱的稻草人就是那校园"麦田的守望者"。大树下躺着木质长椅，树上挂满了代表大家心愿的铜铃铛，微风拂过，悦耳的铃铛声和朗朗的读书声交相辉映。那一片小树林是学校秘密最多的地方，只要按照校园藏宝图的指示，孩子们定期可以去那里寻宝。宝藏可以是一本书、一幅画，也可以是一张悦耳的 CD……

校园里还有一个小池塘，春天的时候，听取蛙声一片；夏天的时候，看睡莲绽放；秋天的时候，池塘边桂树飘香；冬天的时候，种植园的蜡梅怒放。校园里的每一个角落都充满了无限秘密，四季更迭，冷暖入心，这是一个真正属于儿童的自然校园。

不知道哪一天，这样的校园会成为现实。但是带着孩子融进自然、走在路上，是我作为一个普通教师多年的价值追寻。

在乡村教书的时候，春天来了，我会带学生去山谷里寻找春天的足迹，那是孩子们最快乐的时光。山谷里那满山的映山红、潺潺的流水、长出春芽的枝条，一切都是那样清新，如孩童一般。

有一段时间，孩子们一直在讨论当地最高的一座山，大家都在想一个问题：那高高的山上有什么呢？那山的背后又是什么？其实每一个儿童的成长过程中几乎都会有这样的问题，大山上有什么？山里头有没有住着神仙？那是儿童好奇心的彰显。

于是，我组织孩子们去攀登最高的那座山。当孩子们站上山顶的时候，欢呼雀跃！那是好奇心得到满足与融入自然的愉悦。站在山顶远眺，孩子们发现了更高的山。想去看看吗？有的孩子又开始蠢蠢欲动。其实，山的背后是值得儿童去认知的又一个世界，而那一个世界进一步激发了他们的好奇心。

学习就这样发生了，成长就这样在融进自然的过程中不露痕迹地实现了。

为什么要带上孩子远行，融进自然，走在路上？也许从我女儿的经历中可以得到更好的解释。

我对女儿的教育态度同样很朴素：始终把她作为一个普通人来培养，希望她长大后做一个善良、知性、优雅、平凡而幸福的女子，享受人间的美好与温暖。也许是受我影响，她的梦想是开一家属于自己的咖啡店，而且要开在像大理、丽江这样一路风花雪月的地方。

而这样一个向往自由、热爱宁静的女生，她的成长之路一定离不开大自然这所最美学校的滋养。因此，带着她远行，融进自然，走在路上，成了我们父女生活的一种常态。

在女儿上幼儿园中班的时候，我就带她去攀登过我们当地海拔 1340 米的最高峰——棋盘山，一个 5 岁大的孩子懵懂中凭着坚持居然跟着我徒步到了顶峰。

夜里睡在半山腰的帐篷里，我们生起了篝火。深秋的晚上，伴着温暖的篝火，伴着许巍的音乐——《旅行》《蓝莲花》入眠，她第一次享受到了大自然的静谧与安详。

阳光温暖的周末，我会带她去钓鱼。女儿会带一本书，如果觉得没意思了，就在我身边静静地看书。坐在田野里的女儿，阳光写满脸庞，身后一片金黄的稻田。

暑假，她不上补习班，只阅读、游泳、画画、种植和旅行。再大一点，我就带着她参加户外拓展活动，好多地方的森林与峡谷都留下了她的足迹：2011年行走丝绸之路；2013 年穿越青海三江源无人区；2014 年穿越三江并流地区，徒步梅里雪山明永冰川，进入滇金丝猴国家公园拍摄野外滇金丝猴；2015 年全程走完川藏公路和青藏公路，并在拉姆拉错、纳木错等地以徒步的方式进行了深度旅行。

每一次行走，我都会惊喜地发现女儿的进步。

2011年我们一家沿着丝绸之路往西走，女儿写了一万多字的旅行笔记——《八千里路云和月——我的丝绸之路》，详细记录了丝绸之路自驾的旅行经历，文字如水一样流淌而出，连她自己都惊讶了。

行走，让女儿学会了思考。站在敦煌石窟的千年壁画前，面对那来自盛唐的飘逸，她惊叹之余，也发出了对敦煌罪人王圆箓的质问；站在玉门关的遗址上，她围着那来自汉代的土墙走了一圈又一圈，疑惑地问："这就是玉门关？"阵阵风沙中，她吟诵着石碑上刻着的"羌笛何须怨杨柳，春风不度玉门关"，写下了"这就是历史"的文字。

如果没有走进茫茫大漠戈壁，走近阳关与玉门关，女儿能真正体会跨越两千年的历史沧桑与厚重吗？能够有这样的质疑与感叹吗？这难道不是我们带着孩子行走的真正意义吗？

不要疑惑为什么现在的孩子总是写一些虚假而冰冷的文字，那是因为他们的生活是封闭而单调的。周一到周五在学校，晚上回家无数的作业等着他们，周末在好几个培训班之间来回奔波，疲于奔命，缺少对生活的多元经历和体验，缺乏源于自然的温暖滋养。他们的生活只有上课、作业、补习班、成绩、名次、竞争，这样单调而乏味的童年生活能有好文字产生的可能吗？

儿童写作是什么？是孩子用他们的笔墨描述他们自己的世界，思考他们的生活。如果没有了生活的丰富体验，那笔尖流淌出来的会是什么？一个儿童要写出好文章，前提是他要有丰富而多元的生活体验。我们成人要利用假期和周末，尽量为孩子创造丰富而多元的生活体验。

前往祁连山七一冰川的徒步，是女儿在户外遇到的第一次大挑战。海拔4000米左右，她有了比较明显的高原反应。我出于心疼，问她："要不要上去？"她说："爸爸，上去吧，都来到这里了，不上去很遗憾的。"听她这样说，我义无反顾开始背着她走。她很懂事，在那样的情况下坚持自己走一段，再让我背一小段。就这样，我们终于来到了海拔4400米的冰川前。那一刻，不言而喻，她明白了什么叫信念与坚持。而我，作为父亲，只是努力为她的经历创造条件而已。

随着年龄的增长，她的户外能力也越来越强。2013 年，她跟着我从四川一直穿越到青海三江源无人区，线路漫长，海拔甚高，一路上非常艰辛，但是她都很好地坚持了下来，毅力和韧劲都得到了很好的发展。为了圆她看看五彩池的梦想，我们首先去了阿坝州的黄龙国家自然保护区，到山脚已经是中午了，简单吃了午餐，背上水和干粮，我们沿着徒步道向着五彩池攀爬。其实我们完全可以乘缆车上去，不过那样会失去亲近自然的过程体验，因为最美的风景在路上！

走了不到五分之一的路程，她已明显体力不支，喊着走不动了，并呕吐了两次。我知道很多家长在这样的情况下会选择放弃，因为目标还很远，但是我采取了各种方式的鼓励。过了最困难的时间点之后，女儿能坚持了，最终历时 6 小时，顺利来回。12 公里的高海拔徒步，她经受住了毅力与体能的巨大挑战。

经历这样的挑战之后的心态是最美的。那天下山的路上，当我们穿过茂密的原始森林，感受着森林里昏黄的光线，脚踩千万年积累的松软的苔藓，她兴奋又自然地躺了下来，惊叹之余激动地对我说："爸爸，这就是霍比特人生活的森林吧！真神奇啊！"瞧，这就是大自然给女儿的洗礼！

在黄河源头，海拔高，空气稀薄，我自己都有了轻微高原反应，而女儿的表现则令我吃惊，她居然活动自如。我们徒步登上黄河源头海拔 4600 多米的牛头碑，鸟瞰碧蓝的扎陵湖，她在飞扬的经幡中张开双臂拥抱神奇的荒原。

进入三江源无人区，一路上她还看到了很多野生动物：藏野驴、黄羊、藏羚羊、金雕、草原雕、旱獭、秃鹫、斑头雁……在这样一个野生动物的天堂，女儿在阵阵感叹中表达了近距离观察这些顽强生命的真实感受……

走在路上，我看到了一个充满爱的女儿。

陪伴女儿慢慢走

2015 年夏天，是女儿小学毕业的人生节点。早在半年前，她就开始设计自己的毕业旅行计划。有了前几次的高原经历，她把这次毕业旅行目的地设定在西藏。而作为父亲，我能做的就是全程陪伴，并为她的旅行攻略设计提供必要的帮助。

女儿说："爸爸，我想去看看大昭寺和拉姆拉错，想看看仓央嘉措在布达拉宫住过的宫殿，想看看那八廓街的黄房子，想看看纳木错的日出日落，想看看最美雪山南迦巴瓦。我想知道为什么藏民要变卖家产全家磕长头去大昭寺朝圣？想知道在拉姆拉错真的能看到自己的前世今生吗？"

于是，我们有了 20 天的川藏、青藏自驾之行。这一路充满艰辛、惊喜与历练，真正是身体在地狱，眼睛和精神却在天堂漫步！

我们沿着被称为世界最危险的公路——川藏公路一路向西而行。经历折多山和排龙天险的超级大堵车；深夜 12 点到达八宿住 20 元一晚的旅社，伴着门外公共厕所迎面而来的阵阵臭气入睡；在东达山顶遭遇暴风雪和严重高原反应；在波密被恶狗盯上一路夺命狂奔；路宿纳木错满屋子牛粪和酥油味道的大通铺，在藏民的厨房里面对菜刀和案板开始刷牙洗脸；前往拉姆拉错超高海拔的高原徒步，顶着咆哮的寒风爬至海拔 5000 米的山顶看纳木错的日落；时常超过 15 个小时的长途奔袭……

这一切，无一不考验着小小年纪的女儿。欣慰的是，女儿没有半点抱怨，稚气和娇气都在行走中丢在了路上，她能够咬牙坚持努力适应并坚定地走过。

走在路上，一切的困难与挑战都成了女儿对生活的另一种见证和体验。只有在吃了那些苦之后，才能对生活和无限美景充满感恩！

走在路上，女儿也见证了什么是信仰的力量：每每在路上遇见朝圣的藏民，她都会停下来久久凝望他们三步伏地朝拜的身影、黝黑的面容以及他们额头上乒乓球大小的大茧子。在大昭寺的门口，她再次被绕着寺院虔诚朝拜的藏民所感动，那一刻，信仰的力量就这样悄悄根植于一个女孩的内心。

走在路上，女儿更遇见了难得一见的景观：卡子拉山碧绿如毯的高山草甸，被称为"公路奇迹"的怒江72拐，静寂的来古冰川和然乌湖，毛垭大草原一望无际的花海，茂密的鲁朗林海，穿越天际的南迦巴瓦峰，气势恢宏的雅鲁藏布大峡谷，神秘的拉姆拉错与冉冉升起的煨桑，纳木错的日落日出，念青唐古拉山脚下寒风中猎猎作响的漫天经幡，可可西里成群奔跑的藏羚羊，沱沱河夜空中硕大如珠的北斗七星和璀璨银河，柴达木盆地无边无际的荒凉，青海湖畔盛开的油菜花天堂。

走在路上，见证艰辛，见证虔诚，见证神秘，见证梦想，见证美景，见证温情，见证成长。我和女儿就在这样的长途旅行中彼此认识并相互温暖。

从海拔5350米的拉姆拉错徒步回来的路上，女儿对我说："爸爸，我觉得你特牛！"我对她说："宝贝，你今天又创造了纪录，表现更棒，老爸期待你能为自己创造更多的纪录。"

"会的！"女儿的回答特别坚定。就这样，成长因为走在路上而变为现实。

期待有更多的学校，能创造机会让孩子们走进自然，期待有更多的家长能带上孩子远行，走在路上。最美的风景在路上，最美好的教育也在路上，因为——亲近自然、走在路上，是最好的教育方式。

第二章

以野长的方式

好教育不是教育行政部门坐在办公室里开会讨论规划出来的,好学校不是教育行政官员管出来的,好教师不是办多少场教师培训会就能培训出来的。好教育、好学校、好教师是在独立、自由、民主、尊重、开放、包容的教育土壤与氛围中自主成长起来的。

一、你不去那里，谁去？

作为教育者，我们能给孩子什么，才能让他们学会在充满未知的人生道路上坦然面对那也许因为某人的两三句话就会被改变的人生轨迹呢？

1994 年 7 月，我从浙江省平阳师范学校（简称平阳师范）普师班毕业，马上面临毕业分配。当年，毕业分配的好处是社会整体上缺教师，不愁就业，唯一需要关注的是自己能去哪一所学校就业。毕业分配工作是我走向社会面临的第一课。

那一年，我们镇上一共有八个中师生同时毕业，其中有好几个都是我的初中同学，大家彼此比较了解。有一个同学成绩特别优秀，被保送去读大学了，剩下七个回原籍等待分配。

当时社会上已经有了托人情找关系办事的风气，我母亲也知道要找关系，但是作为一个农村妇女，她也不知道该找谁。当时主管师范生毕业分配工作的是乡镇书记和镇教育委员会办公室（以下简称教委办）领导。我陪着母亲找了教委办领导，他们官话连篇，表达模棱两可，说时间还没有到，到时候自然有好消息。

事情一直拖着，也不断传来一些关于工作分配的小道消息，但是我去哪里上班一直没有着落。到了 8 月底分配结果终于出来了，七个毕业生中有四个留在临近的镇上，两个去了距离小镇两公里左右的中心校。而我，不在这六人的大名单之中。

教委办的领导告诉我，我将要去的学校是旺庄小学。我一听就蒙了，那个地方太偏远了！

旺庄小学是一所什么样的学校？从我生活的那个山区小镇出发，骑自行车大概四十多分钟到山脚下，然后沿着曲折的山道爬山，大约步行一个小时，到半山腰能看见一座庙，庙里边有一所学校，就是旺庄小学。我记得很小的时候，母亲曾带我走很远的山路去那里看过乡村的社戏。

面对这样的分配结果，我很难接受。同一届毕业生，为什么分配的结果差距如此之大？我就问教委办的主要领导："为什么把我分到庙里去教书？"

领导想了一会儿，跟我说了第一句话："那里需要你！那里都是代课教师，一直以来没有一个正式的公办教师，那里真的需要你！"

"那里需要你！"我一听就愣住了！领导说的没有错，一直到今天，我都没有办法反驳当年领导说的那句话，因为这个理由足够充分。那里的确需要一个公办教师，从领导的层面讲，安排一个公办教师去偏远的山村小学教书，也是一种促进教育公平的方式。

我想了会儿，又问了领导一个问题："那里的确需要一个公办教师，可为什么偏偏是我去那里？他们也可以去啊！"他思索了片刻。显然，这样的问题把他难住了。半晌，他说："你不去那里，谁去？我看了你们的毕业成绩，你的成绩不是很理想，当然就你去了！"

我无言以对，这就是现实！

我不得不承认，"那里需要你！"和"你不去那里，谁去？"这两句话给了我极大的触动。感谢领导的直白表述，这两句话如当头一棒，敲醒了我，也给了我奋斗的动力，尽管当时的我特别不愿意接受这样的结果。

在后来的职业生涯中，我经常会回想起教委办领导说过的那两句话。从小我是一个没有梦想和追求的人，初中毕业考中师，又是以一个试读生的身份进入平阳师范。中师学习三年成绩平平，还补考过几次，在学校里也基本上是得过且过，沉迷于画画、踢球、摇滚乐，过一天算一天。我从未想过自己如何才能当一个好老师，从未想过自己的未来是什么样子，也从未想过要通过努力让自己的人生变得更精彩。

教委办领导说的那两句话，恰恰点醒了自由散漫的我。这就是现实，我没有选择的余地和筹码，必须接受这样的结果。那一天，从教委办出来走在回家的路上，我突然强烈地意识到人一定要有出息，如果没有出息，就没有选择的可能，将永远被他人支配。

我要有决定自己命运的核心竞争力！

回到家，我告诉母亲分配的结果，她也比较无奈，长叹了一口气说："孩子啊，不要难过，反正我们家都是山里的，去就去吧，也没有什么办法。"但是我确实不愿意接受这样的分配结果。隔了一天又去教委办，向领导求情，能否让我去离家近一点的学校。领导说其他学校的名额都满了，没有办法必须得去山上。最后他还恐吓我，不去的话你连工作都没有了，这几年书就白读了。

回家想了一个晚上，我还是不死心。第三天再去教委办找有关领导表达我的意见。也许是次数多了吧，教委办领导看我态度很坚决，就帮我联系了离家大概有二十多公里的一所少数民族乡小学，问我愿不愿意去那里。

我心想：不是让我去山上，就是把我发配到"边疆"，当下就陷入矛盾之中，答应领导考虑考虑。

但令我意外的事情发生了！第二天一早，平阳县青街畲族乡的教办温主任亲自赶到我家，非常热情而诚恳地对我说："我们那里虽然偏僻，但是我们很重视教师培养，那里的老百姓们迫切希望有一个正式的公办教师给他们的孩子上课，我们非常欢迎你。"然后还和我聊了很多他从教以来的故事。我被他打动了，觉得受到了尊重，决定去这所更加偏远的青街畲族乡中心小学开始我的教师生涯。

无人区的斑头雁

这样的就业分配经历对我个人来讲，无疑是富有戏剧性的，领导的两三句话就改变了我的人生轨迹。

有时候想：人生也许真不是自己可以掌控的，两三句话也许就会改变我们的轨迹。作为教育者，我们能给孩子什么，才能让他们学会在充满未知的人生道路上坦然面对那也许因为某人的两三句话就会被改变的人生轨迹呢？

然而，也正是这样的意外与不确定性才造就了很多精彩的可能，只是，我们的孩子有迎接这些意外与不确定性的心理准备吗？回望走过的路，我特别感恩这些年的曲折与坎坷，也正是那些曲曲折折，才造就了今天的我。

因为曲折，是通向未来的路。

也许正应了那句话——那些人生最重要的东西，我们并没有教给学生。也许根本不用教，因为生活会告诉他们很多很多。

二、做一个不抱怨的老师

少一分抱怨，多一分努力，自己成长的空间就会越来越大，我们的学生也将会在我们积极乐观的教育影响下变得阳光灿烂。

1994 年 9 月 2 号上午，我带着简单的行李、棉被、衣服、几本书、几盒摇滚乐卡口带，前往几十公里外的青街畲族乡中心小学。

我从未到过青街，对即将开始工作的这所学校的印象，仅仅停留在温主任的描述上，我甚至没有好好想象它的样子就开始走向它了。通往青街的乡村公路坑坑洼洼，尘土飞扬，我坐着三轮小卡车，一路颠簸，身体上蹿下跳的。"颠"到青街的时候，生平第一次明白了什么才叫真正的"灰头土脸"。

学校离小车站很近，走过一座布满青苔的石拱桥就是青街畲族乡中心小学了。学校挺漂亮，一条清澈见底的小溪绕着学校流过，两岸都是溪榉树，树干巨大，要两三个人才能合抱，枝叶繁茂，有的树枝还一直延伸到水面。不远处还有一座过溪碇埠，溪水潺潺，声音清脆悦耳。绕过一小段矮矮的围墙就是校门，校门口不远处有一棵大樟树，树冠如云。

进了学校，才发现校园非常简陋，两排两层的教学楼已经有些年头，其中一幢明显有破败的痕迹。后来第二年果然出问题了，一间教室的大梁因为腐化断裂，那幢楼成了名副其实的危房。

学校的操场是泥地，坑坑洼洼，很不规则。一道矮墙后面有一座庙，后来知道，学校本就是庙，应该说是学校占了庙的一部分。那时我还想，看来这辈子待的学校注定和庙宇会有密切关系。每到农历初一或是十五，隔壁庙里香火缭绕，校园里也难免受到影响。

校长从楼上下来接待我，穿了件背心和短裤。最令我不可思议的是，他居然还穿了一双拖鞋，嘴里斜叼了根香烟。作为一个校长居然作如此装束，实在让人颇感意外。后来知道，他也是刚刚当校长不久，早年是个屠夫，专门养羊、宰羊，后来转行做了教师。

校长首先表示欢迎，并说明学校比较偏僻，条件非常简陋，不解决吃饭问题，然后就带我去看住处。我的房间在二年级教室的隔壁，打开门，屋里满是蜘蛛网，地上堆满了砖头、石块和破瓦片。原来这里本是用来堆放建筑废料的仓库，学校临时腾给我作房间。

经过一番努力打扫，屋子总算干净了很多。校长让人给我搬来了三条短凳和一条长凳，一张竹板床，一张桌面有一个大窟窿、到处坑坑洼洼的办公桌，看样子它的岁数不会比我小。加上我带的那些棉被、衣服、书，就是我新家的全部家当了。

我用两条短凳和一条长凳做了一个支架，摆上竹板床，就是我睡觉的地方了。整理完毕已是傍晚时分，得解决吃饭问题。出去到这个山区乡村的街道上找吃的，找了一圈，居然没有发现一家饭店。后来问了一家杂货店的老板，他告诉我此地没有饭馆，只有一家面馆。

在小溪边的两层小平房里找到这家面馆，几声呼喊，老板睡眼蒙眬地从楼上下来，双手干洗面部，挖耳挠腮，也不洗手就开始下厨切肉煮面，看着他的一副邋遢样子，我顿时没了食欲。但从此，我开始了在这家面馆长达一个多月的"面条生涯"，天天吃面，吃到后来夹起碗里的面条，我就想到它们宛如一条条蚯蚓似的，忍不住一阵反胃。不过，这样一来倒是和面馆老板混得很熟，他告诉我当地的不少事情，对我开展工作很有帮助。一直到领了第一个月工资，又到学校财务室暂支两百元，买了属于自己的厨具，我的"面条生涯"才算正式结束。

面条吃罢回到学校，天空飘起了小雨，稀稀拉拉，整个校园空荡荡的。到了房间，居然发现停电了，又上杂货店买了两根蜡烛。天色渐暗，点上蜡烛，窗外雨声点点，夜晚的校园更显寂静。身处异乡，烛光摇曳，躺在床上不免心里五味杂陈，思绪万千。但是，我很快发现环境已经容不得我臆想，身边的蚊子多得吓人，只得起身借着烛光追着蚊子战斗。

上半夜，基本处于和蚊子的混战状态。好不容易基本平息战事，在迷迷糊糊中入睡，睡梦中，又突然感觉自己从云端上直掉下来，但是很快发现自己不是在做梦。脑袋的疼痛告诉我，我正头朝下躺在地上，挣扎着起来点上蜡烛一看，原来是支撑竹板床的一条凳子腿断了，新床坍塌。看看时间才凌晨两点多，窗外雨声依旧。尽管自己小时候也在很艰苦的环境中长大，但是面对此等情况，还是不免心生沮丧。想想那些在镇上工作的同学，而自己却被发配到这么偏远的乡村来，一种被边缘化的感觉油然而生。

第二天，我开始正式上班，对学校也开始慢慢了解。我的同事大多来自周边的村庄，一部分是民办教师，一部分是代课教师。这几年刚毕业的"正规军"有七八个，都是年轻的光棍。老师们淳朴热情，大家称呼随便，皆以兄弟相称，颇有"上梁山"的感觉。最让我印象深刻的一个场景是出操，学生排队陆陆续续到了土操场，老师们就蹲在队伍的后面抽烟，每一队后面蹲一个。学生做操，老师抽烟，一根烟毕，操也做完了，老师站起身来带着队伍回教室。

一天傍晚，隔壁办公室同事一声惊呼，发现有一不速之客造访。原来，一条大菜花蛇从后面的草地上悄悄溜进了他的休息室。大菜花蛇虽然没有毒，但是样子挺吓人，大家一起把它弄到操场上。好家伙，足足有一米多长！同事们好像对这事见怪不怪的，说蛇爬进房间是常有的事情。这事却让我好几天睡觉不踏实，要是晚上蛇进来了，爬到床上和我同枕共眠那还了得，想想也别扭。于是那段时间晚上睡觉之前，我必先详细查看那只有十几平方米的房间是否有响动再躺下，而且一定关门闭窗，哪怕闷热得难受也决不开窗通风。

后来，思虑再三，我决定换个房间，到旧楼的楼上去住。旧楼是一幢民国时期的建筑，顶层已经严重塌陷，楼板脱落，走在上面颤颤巍巍的，发出吱吱嘎嘎的响声，所以一般不住人。我选了一间面朝小溪的小房间，只有七八平方米，主要是看重窗户面朝小溪，还有窗口的那棵大樟树，树影婆娑，觉得风景不错。唯一不方便的是用水和上厕所要到楼下去，尤其冬天，起来上一趟厕所还得忍受刺骨寒风。楼道狭长，挂在天花板上昏暗的小路灯经常随风飘荡，影子瘦长，忽明忽暗，颇有拍恐怖片的感觉。同事告诉我，那棵樟树上曾经吊死过人，不过我倒也不是太担心，心想咱是好人，冤有头债有主，那"冤鬼"也不至于三更半夜来找我。

在这个房间睡了七八个月，蛇和吊死鬼已不用太担心。一次经过校门口的石拱桥去街上买东西，突然"啪"的一声，一道闪电击中小溪边的一棵大枫树，我被巨大的响声打蒙了！惊醒之后跑到小溪边一看，枫树的一个大树杈活生生地被雷劈了下来。

几天后的一个夜晚，狂风暴雨电闪雷鸣，窗外的大樟树被风吹得哗哗作响，闪电划过夜空，照得黑夜如同白昼，雷声巨响。我不时回想前几天那棵大枫树的结局，这个房间离大树太近，该不会也给劈了吧？结果越想越不对劲，第二大决定马上搬离大树，远离危险。于是第二次搬家，搬到了对面的一个房间里，从此安心居住。

对我来说，这种艰苦不仅仅体现在生活与工作上的诸多不便，更多地体现在身处如此偏僻的乡村小学，心理上对于当下与未来的迷茫。我发现同事们基本上把教师这个职业等同于养家糊口，显然谈不上什么职业理想，只是在做一份分内的工作，尽心了即可。

也有一些老师每天都在抱怨：工资待遇低，没有发展前途，工作生活条件艰苦，信息闭塞……抱怨有时候是会传染的，灰色的言论和消极的情绪有时候就像慢性杀手，慢慢地消磨我们的意志、对未来的期待和梦想，扰乱我们对当下的珍惜与作为。关于教育、关于未来，刚刚开始工作的我真的看不到希望，我想不出更好的方法来改变现状，并找到通向未来的路。

幸运的是我们有一个好校长。温校长虽然学历不高，早年从事的职业和教育八竿子打不着，但是在我看来，他的确是一个优秀的校长。他知道当时自己接手的是一所怎样的学校，他也知道我们这些年轻人在农村待着不安心，知道我们真实的心态和需求，更懂得我们需要怎样的未来。他用他独特的方式激励我们成长，并尽他所能为我们提供帮助。因为他知道，要改变那些上了年纪的老师的观念有困难，于是把改变学校的期望寄托在我们几个年轻人身上。他经常和我们混在一起，告诉我们要努力工作才有好未来。

他每天早早到校，一进校门就会来敲我的房间门，喊我早点起来，简直和闹钟没区别。他会为了学校的发展，常常在县教育局各个科室和经济发达的城镇学校溜达，看到什么对学校、老师、学生有用的东西就"死皮赖脸"地弄回来，一点都不会难为情。

我工作的第二年，由于学校的课桌椅已经严重破损，如何弄到一些像样的课桌椅成了老温的大事情。那几天，他总是早出晚归。到了周末的晚上，他冒雨来敲我的房门，让我起来一起搬东西。原来，他从温州的一所学校淘到了一些废旧的课桌椅，尽管旧了，还是比我们学生的课桌椅要好很多。大家连夜把桌椅搬到一间教室里，挑出好的调配到各班教室。

学校竹子做的旗杆已经渐渐老化，老温很想做一个小小的司令台并把旗杆换成不锈钢的。于是，他请了城镇小学的五位校长到我们学校踏青，吃农家菜。饭后，老温请他们参观校园，并向他们表达了换旗杆的想法，五位校长欣然答应共同集资解决这个难题。另外，他还常常往电视台、妇联和一些企业跑，通过媒体的力量为学校的贫困学生成立助学基金，那几年前后共帮助了几十位贫困家庭儿童入学。

老温总说自己水平不高，没读过几年书，不懂教育学，只是尽力为老师和学生做点事情而已。他讲话随便，有时甚至口无遮拦。中午喜欢喝点小酒，有时候喝高了，找个地方就能席地而睡，以至于常常误事。不过这样的校长也让人多了一份亲近感，优点、缺点毫无遮拦，坦坦荡荡做人，很是真诚。因此，他也赢得了我们的尊重。

他总是告诉我们几个年轻教师，尽管环境艰苦、工资收入低，但是大家不要抱怨，因为抱怨没有用！有用的只有自己努力工作，只有努力工作才有未来。最让人不可思议的是，他如果发现哪一个年轻教师成长了，就会想尽一切办法把这个优秀教师弄走，弄到好一点的城镇学校去。这样的做法几乎是常人难以理解的，辛辛苦苦栽培一个好教师，校长却亲自出马到各个名校"兜售"：我这里有一个好教师，你们谁要？

老温说："要让努力工作的教师有一个更好的去处，树立了榜样，看到了希望，底下的教师才会更努力工作。好教师走了，其他教师又成长起来了，就像割韭菜似的，一茬一茬地出好教师。"一个屠夫校长有此超前的人才观，读懂人性，堪称典范。

2013年冬天，他退休了，当年的几个老同事还齐聚学校，特意向他表达我们的敬意和感谢。

由于离家实在有点远，生活长期没有规律。1997年夏天，我决定调回自己生活的小镇。通过努力，我申请去镇小，但后来由于人事方面的原因，最终没能如愿。我去了大山脚下的溪源小学。

溪源小学同样也是一所非常偏僻的村完小，全校共五个年级，一个年级一个班，一共就七十几个学生，七八个教师，规模非常小。学校只有一幢两层的旧教学楼，没有围墙，完全是敞开式的学校。

我所教的班级是四年级，全班共十七个学生。这所学校有一道风景就是农民养的鸡、鸭、猪、狗等家禽家畜经常会溜达到操场上来，上课的时候经常能听到两头猪在操场上打架时的嗷嗷叫声。上班第一周，教室的门开着，突然一条土狗大摇大摆地从教室的前门走进来，走到一个学生的边上蹲下来。学生摸摸它的头，它居然抬着头安静地听我上课，可能是觉得没意思了，一会儿又大摇大摆地从教室的后门溜达出去，学生对此习以为常。后来得知这学生就住在学校旁边，这狗常到学校里看小主人。再后来，连我也习惯了，那条狗经常来听我上课，在教室里逛两圈，摇摇尾巴又出去。有时候也有母鸡、公鸡之类的到教室来走两圈，印象特别深的是一天中午我吃饭回来看到一只硕大的公鸡站在讲台上，我的语文书上还有一坨它拉的屎，冒着热气，青烟袅袅。

我在这所偏远村小待了三年，直到 2000 年夏天离开这里去了县城的昆阳镇第一小学。这三年是我教师生涯中心情最为复杂的三年——矛盾与纠结，坚守与放弃，现实与未来，因此这也是最历练我的三年。无论是在青街畲族乡中心小学还是在溪源小学，有一种信念在我的心中永远存在——尽管只是一名极其普通的乡村教师，但是我一定不能放弃对未来的梦想与希望，我要努力做好当下的每一件事情！

很多年后回忆自己走过的路，我特别感谢和怀念曾经在如此艰苦的环境中生活和工作。这些最艰苦的都经历过了，还有什么不可以承受？在如此艰苦的环境中直面艰难而不抱怨，成了一种最好的历练。现在会抱怨的老师太多了，艰苦的工作环境和挑战有时候是一把"双刃剑"，把握好了，是正能量，能激发教师更坚定地往前走；把握不好，则成为教师颓废的借口。无论是在青街畲族乡中心小学还是溪源小学，我都遇到几个特别会抱怨的老师，天天发表消极言论，二十多年过去了，他们每况愈下，无论是生活还是教学工作，都难称幸福。

一个面对环境挑战总是采取抱怨态度的教师一定不是好教师，他注定不会成为一个优秀甚至是合格的教师。从教师个体发展角度讲，其职业幸福感以及专业发展的可能性微乎其微。更重要的是，一个教师不管处在何种工作环境，是采取积极正向的心态，还是采取消极负向的心态，受影响最大的其实是学生。

一个长期处于抱怨状态中的教师，他的学生将会深受其害。一个消极的教师，在他的脸上很少能看到发自内心的真诚的微笑，他也很少能蹲下来和孩子们进行亲密无间的交流。抱怨、指责与批评是他的常态。在他的教室里，我们的孩子感觉不到教育的柔美、温暖与力量，孩子们会恐惧而不舒展。所以，一个时常悲观而抱怨的教师，很有可能会带出一帮悲观并缺少人性关怀的学生。

不管是在农村还是在城市，我们应该每天都问自己：可不可以变得更主动一点，可不可以变得更积极一点，可不可以试着努力地寻找解决教育问题的办法？而不是以所谓"教育的很多问题是无解的""现实不公平"为借口，为自己的得过且过与颓废开脱。

少一分抱怨，多一分努力，自己成长的空间就会越来越大，我们的学生也将会在我们积极乐观的教育影响下变得阳光灿烂。

三、以野长的方式

只有给教师适度自由成长的空间，才能生长出一个个学生喜欢、充满教育热情与特色的个性教师。

在农村学校待的那几年，几个从中师毕业的年轻教师，互相之间开开玩笑，穿着随意——背心、七分裤、拖鞋，都互相以兄弟相称，校长也不例外。有什么困难大家也都挺仗义，很愿意互相帮助。农村学校就这么大，二十几个教师，也没有太多的秘密，关系和谐，氛围很好。

由于工作没有太大的压力，老师们在这个环境里活得很真实。都说现在很多教师过于严肃，缺少童趣和玩心，这首先和他们的工作压力太大有很大关系，更关键的是教师的生活状态。活得真实了，就会有生活的情趣，也能让我们的学生感受到学校的情趣。

工作第一年过中秋节，有个老师过来找我："兄弟，愿意做股东不？"我说："干吗？"他说："每个人交五块钱，到村里去买只鹅，今天是中秋节，我们宰了它吃鹅肉。"于是，我们每个人出五块钱，买了一只大白鹅。

下午三点多的时候，两个老师就去村子里赶那只大鹅，大家把鹅赶到操场上，一帮老师商量着如何宰这只鹅。有一个姓雷的老师说："让大鹅喝酒吧，喝了酒，鹅毛容易拔干净。"于是就到校门口小卖部买了一瓶白酒，一帮人合伙把酒灌进那只大鹅的肚子里。不多久，鹅就醉了，大家又提议让醉酒的大鹅走 T 台。

大家在操场上画了一条跑道，看醉酒后的大鹅能不能走成直线。那只大鹅喝醉了之后耷拉着脖子，走路忽忽悠悠的，东倒西歪。七八个年轻教师围着那只白鹅喊"加油"，让它走来走去，最后大鹅实在是醉得不行了，挣扎着走了几个来回，一头就栽倒了。

那天晚上，大家齐心协力烧了一大盆鹅肉，香喷喷的鹅肉激发着每一个人的食欲，大家把一张桌子搬到操场上，准备一边赏月一边吃鹅肉。这时候有人提议不能开灯，必须摸黑吃鹅肉，能不能吃到最好的鹅肉靠的是运气，大家纷纷同意。就这样，大家在黑灯瞎火中吃肉喝酒，夹到什么算什么。

吃一只鹅都能整出这么多花样，这就是当年我们那群乡村教师的状态。"恶搞"是我们经常有的状态，所以我们和现在很多教师的状态有所不同，自由、随性、充满童心和童趣。有一次我和一个同事去家访，家长热情，一瓶白酒和一碟花生米，结果喝高了，晃晃悠悠地回来，没有走到学校就睡在了路边的草垛里。

后来大家陆续离开这所学校，现在大都有了较好的发展，已经有六个人成了中学高级教师，还有人成为省市知名的教学能手和学校管理者。很难想象，十几年前围着醉大鹅喊加油的那些人，包括那个曾经睡过草垛的我，后来一个个居然都能成长为出色的小学教师。

乡村教师的成长其实有其独特的优势，这种优势表现在哪里？就是在农村可以用一种看似不太着调的方式工作和生活着，或者叫野长。这种看似不太着调的存在方式，让教师可以在工作初期，有比较放松的状态。一个教师在这样自由和放松的状态中，就能不受约束地实践自己的教育主张，就能有思考、实践和创新的空间，就能和孩子一样拥有一份童心般的"恶搞"，也不用担心会因此而招来批评。这些，恰恰是当今教师队伍建设缺少的元素之一。

客观地讲，今天的很多教育生态都是带着人工设计的意味。学校、班级、课程，等等，都有很鲜明的设计痕迹。我们很少让教师和学生在一种可以不设计的状态下野性而自由地生长。直觉告诉我，这样野性而自由的野长状态，应该是教育可以有也应该有的一种样子。

我们需要思考的是：好教育不是教育行政部门坐在办公室里开会讨论规划出来的，好学校不是教育行政官员管出来的，好教师不是办多少场教师培训会就能培训出来的。好教育、好学校、好教师是在独立、自由、民主、尊重、开放、包容的教育土壤与氛围中自主成长起来的。

独立、自由、民主、开放、包容是教育最基本的理念！

忙碌但是身心放松的工作状态能让一个教师保留很多自然的品质，身心放松的人才最有可能把工作做得有创意。回顾自己在农村的从教经历让我得到一个启发：当教师不能太刻板，有的时候还得很会"玩"，并且"玩"得富有儿童的味道。不但自己要会"玩"，还得会领着孩子们一起"玩"。智慧地"玩"出教育的魅力，这也是一个好教师必备的一种品质。

有点儿"恶搞"精神的教师，往往是一个深受儿童喜欢，幽默、活泼、富有生活情趣的教师，他们更愿意和孩子们待在一起，他们没有太多框架的限制，更容易打破惯例创造性地开展教育教学工作。

而现在，刚毕业就进入名校的教师一般要受到很多严格规定的限制，美其名曰"前三年重在塑造一个教师的规范性"。青蓝工程、师徒结对，给新教师确立很多严格的规范要求，定目标，要求几年内快速成长、出成绩。这样的模式固然不错，但我们需要冷静思考的是：给新教师太多的规范和要求之后，是不是不知不觉中牺牲了他们的自由思考和个性成长？不留空间或是空间很有限的规范，会不会限制新教师独立教育主张的形成？

只有给教师适度自由成长的空间，才能生长出一个个学生喜欢、充满教育热情与特色的个性教师。

当时我们那拨老师在农村，几乎没有人管，教师、学生、学校，基本都处在一个相对宽松的状态，也没有人告诉我们该如何成长，更多的时候靠的是自己摸索，完全地野长，思维不受约束，更多的教育判断来自儿童的表现和自己内心最直观而真实的感受。

要把人规范起来其实不是很难的，更难的是如何让每一个教师都喜欢孩子，充满教育创意与热情，都有自己独立的教育主张！

几年之后，我们这批教师都陆续到了一些更加规范的学校环境里，大家很快就适应了规范，同时也保留了原有的创造性思维，得到了较好的发展。也就是说，从农村成长起来的教师先松后紧，先自由、宽松、思想活跃，再慢慢形成规范。而现在很多学校对新教师是先有框，先教术，做规划，期待他们快速成长，再走特色。用某些校长的话说就是——三年规范、三年特色、三年卓越，这就是培养教师的典型的"工厂生产线思维"！

未来，哪一种教师成长的空间和可能性会更大？也许还没有足够的证据来对这个问题下一个结论。但可以肯定的是，面对新教师，在给他们一大堆规范的同时，也要给他们留一点空间。

在规范和适度野长之间，应该是有度的。如果一开始就给刚毕业的教师过多的框和所谓教学技巧性的指导，用"师徒结对"这样的模式，用"青蓝对接"这样的工程引导他们快速成长，看似让年轻教师快速入岗，但同时也可能使得一个优秀教师应有的某些品质在不知不觉中悄然丢失。也许有人会说：老教师在这样的模式中会把经验很好地传递给新教师，但是我们必须对所谓的经验持理性的审视态度。为什么？因为师父的经验、学校的经验都是"过去时"的成功经验，更多只适合于个体，没有任何证据证明师父教的经验一定是对的，师父给的经验适合每一个人，能"包治百病"。用"过去时"的成功经验和基于个体的成功经验来培养那些面向未来且各不一样的新教师，本身就具有局限性。

在这样的模式下，如果把新教师所有的空间都填满了，没有了自由存在状态，缺少了自由发展，培养出来的教师很多时候会成为一个模式的教书匠，很难成为各自不同、各具特色的"师"，更培养不出"大师型"教师。这是我从我们那个群体发展的独特现象所得到的一个启示：给予"术"固然重要，但同时也要给予"道"，给予一定的空间，让教师适度自由地野长。

教师的野长状态，为教师成为最有特色的自己保留了更多的可能。

同时，我也在思考学校怎样建立新教师成长支持系统的问题。一个核心问题是：如何在规范和自由之间建立一个灵活的边界？如何在提供帮助，传递学校精神、规范以及老教师经验的同时，给新教师留有空间，让教师以野长的方式在一定的阶段中慢慢成长成为一种可能？我们需要的是具有远大的职业理想、一生不断成长的教师，而不是小有成就就放马南山、刀枪入库、以经验者自居从此不思学习与进步的教师。

曾经有一个老师问我：他参加一次比较重要的教学比赛，导师非常用心，课堂上的每一句话怎么说都得经过导师的把关，同意了才能说。他的困惑是，到底该不该听导师的？

我的建议是：你要有选择地听，如果导师的观点和你的认识有明显出入，并且你坚定地认为自己的观点才是更好的，那你就尝试着和导师沟通，期待他能同意你的观点，试一试你的思路。如果你的思路更好，或许导师就会同意你的设计。

但是他说：问题的关键是不管是对的还是不对的，导师讲的你不听也得听！面对导师，不听也得听，这就是现在一些处于成长中的教师的困惑。

我提醒他思考一个问题：如果你相信不听也得听的话，那么你永远走不远，你如何做你自己，成为自己？如何超越自己？你活得再好也永远在导师的"阴影"下。但是他告诉我，不听不行啊！不听意味着连机会都没有了。

毛垭大草原

　　真正智慧的徒弟会试着和导师进行沟通，告诉导师自己的思考，努力争取在和导师的沟通中渗入并保持自己的独立思考。

　　而一个优秀的导师最开心的事情应该是看到徒弟超越他，一个优秀的导师除了用他的学识，更要用他的价值、视野和胸怀来引导徒弟成长，乐于看到长江后浪推前浪，大胆放手给新教师自主发挥的空间。

　　真正的教师成长，一定是指向教师自身生命质量的提升，这是一个一生修炼的过程，导师也要善于向自己的徒弟学习。成长不是结果，而是不断经历一个又一个的过程，这个过程最终需要教师自己独立担当。

　　有人说大树底下好乘凉，后面还有一句话，大树底下永远长不出大树，大树底下只会长出矮小的灌木。只有落在开阔地带的种子，独自面对阳光和风雨，才能最终长成参天大树。

四、最后一排

　　我们不能用乡村教师的艰难生活和所谓的高尚师德来消费大众的同情，这改善不了乡村教育的现状。

　　那些年，我在偏僻的农村待着，面对乡村教育的困境，尽管没有放弃对教育及未来的希望，但对现实的失望和对未来的茫然感，远胜职业的幸福感和对坚守职业的信心与勇气。

　　造成这种感觉的重要原因是：没有感受到作为乡村教师的存在感和价值感，觉得自己没有得到应有的尊重。城镇学校、优质名校占据着大量的优质资源，和农村学校相比有非常大的优势，教育严重不均衡。有关部门尽管采取了很多措施，但是成效甚微，择校依然白热化，特别是农村学校大量撤并之后，农村教育式微已是不争的事实。有一点点能力的家长都会想尽办法把孩子送到城镇好一点的学校，稍微有点能耐的教师都会离开乡村。留在乡村的教师，在教育圈内的边缘化越来越明显。

　　我们不能责怪家长的择校行为，在政府没有把家门口的学校真正办好的前提下，严格规定家长按照义务教育法就近入学是不公平的，剥夺他们的选择权利会增加他们的教育负担，并会进一步加剧教育的不均衡。我们同样也不能责怪一些乡村教师"不安心"，对每天都在面对乡村教育困境的乡村教师而言，他们同样面临诸多的生活压力与道义的考量。很多时候，他们离开，并不是因为不热爱教育，更不是不懂得乡村教育的重要性，也不是师德水平不够高尚。

乡村教师，除了要承担教师这一社会角色，他们还是一个个同样渴望追求幸福生活的人，同样为人父母，有家庭，有孩子，同样也希望自己和孩子的未来会更好。对未来有希望又失望，期待改变又找不到路径，坚守、纠结与茫然交织，是乡村教师的常态。待在大山里，见识面非常有限，时间长了，会有一种被社会遗忘的感觉。

1998 年春天，我接到通知，让我周六上午到镇上的中心校听课。等我到了镇中心校，不大的听课会场已经坐满了听课教师，环视了会场，我发现前排还有几个位置是空着的，就带上听课本到前排坐了下来。

坐下不久，一个男老师来到我身边问我："你是哪所学校的老师？"

我答："溪源小学。"

男老师说："溪源小学？怎么没见过你？你不能坐在这里，这是给镇小老师准备的位置，你们学校的位置在最后一排。"顺着他指的方向，只有放扫把的卫生角边有一两个位置了，我的一个同事就坐在那里。

我试着和那位男老师沟通："走到后头挺麻烦的，要不就坐在这里算了吧，难得听一次公开课。"但是他没有半点回旋的余地，说："按照教委办的安排，你们学校就是在最后一排，这是规矩。"

我一听是规矩就来气，和他理论开了。这时候我认识的一个教委办的领导来了，了解情况后，领导说："听课的人来得多，我们做了安排，你们学校就是在后面，就按照我们排定的位置坐吧。"

我问："为什么我们溪源小学被排在最后一排？谁规定的？"这时候，没有位置的两个镇小老师站在边上也示意我早点到后面去："这本来就是我们镇小老师的位置，不要影响我们听课。"

领导没有回答我的问题，但是我能从他的表情中看到一丝不屑。马上就要上课了，为了不影响上课，我只能到最后一排就座开始听课，学习兴趣全无。事后我回到学校和校长谈到当天的经历，校长让我不要有什么想法，我们就这么一个七十个学生的小村小，就这"江湖地位"，"正常的，别放心上"。

而当年这些城乡差别化对待的"潜规则"，对渴望进步的乡村年轻教师的杀伤力无疑是巨大的，心情郁闷也是可想而知，久而久之，他们难免抱怨。于是乎，一些乡村教师对待职业的要求一再放低，得过且过的思想开始成为常态。

由于长期看不到希望，一些教师的情绪变得很差。令我印象特别深的是一个同事得了抑郁症，最后发展到非常严重的程度，被强制送到精神病医院进行治疗。

一个乡村教师的生存状态有多少人真正了解呢？改变贫困地区的教育和改善贫困地区教师的生存状态，已经是整个社会正在努力做的事情，由央视推动的"最美乡村教师"评选、"感动中国"人物评选中出现了多位乡村教师，就是让更多的人了解乡村教育和乡村教师。

所谓的评选关乎的是主旋律问题，乡村教师这个群体很大，我个人认为他们的境遇不是靠树立几个典型就能从面上得到改善的。他们真实的工作状态，他们的生活点滴，他们的欢喜、付出与敬业，还有他们的辛劳和无奈，甚至是生活的困顿和无助都需要得到持续关注，而不是只在教师节或是评选"最美乡村教师"时才投去关注的目光。用他们艰难的生活和所谓的高尚师德来消费大众的同情，不能从根本上改善乡村教育的现状。

而作为乡村教师自身，我们也需要从另外一个角度看待自己的存在状态，需要有一种正向而积极的思维，不管我们面临怎样的挑战和境遇，不管是留下还是离开，我们都要有一个相对阳光的心态，用心做好当下的每一件事情，热爱乡村教育，用心对待我们的学生，把未来交给未来。

五、光辉岁月

> 宁静的乡村之夜，边阅读《南方周末》边听摇滚乐是最般配的一种结合。

我曾经写过一篇关于教师专业成长的随笔——《摇滚·广告·登山——我专业成长的三个非典型性因素》。摇滚、广告和登山确实对我个人的专业成长影响非常大，我把这样的影响定义为教师成长的非典型性因素。

在很多人眼中，摇滚乐是叛逆的象征，因为它常常与嘈杂、愤怒交织，甚至还会有人把摇滚乐和"变态"画等号。在我看来，这很大程度上源自对摇滚乐的误解。事实上，在西方社会文化发展与民主化的进程中，摇滚乐的兴起与蓬勃发展起到了无可比拟的推动作用。

我第一次接触摇滚乐是初中一年级，在一个同学的哥哥那里听到了香港Beyond乐队的专辑《光辉岁月》。听了一次就被它吸引，后来知道这首歌是写给为了种族平等与自由而战斗一生的曼德拉先生。随着对摇滚乐了解的增进，独立、民主、自由、平等、人权、尊严等思想也随着这些歌曲渐渐深入我的精神世界，而这些恰恰丰富了我的教育价值观。

一个教师的教育价值观是如何形成的？这是教师职业成长最应该被追问的话题。我的教育价值观的形成和摇滚乐以及摇滚精神有着重大关联。

1988年《光辉岁月》的旋律、歌词以及整张专辑所表达的民主与自由思想，代表了我们那个年代年轻人的心声。

后来知道了崔健，第一次听到《一无所有》，让人血脉贲张。崔健如横空出世，比 Beyond 给我带来更大的听觉和心灵上的冲击力，听听《一无所有》的歌词：

> 我曾经问个不休，你何时跟我走？
> 可你却总是笑我，一无所有！
> 我要给你我的追求，还有我的自由！
> 可你却总是笑我，一无所有！

我一无所有，但是我还有我的自由！《一无所有》喊出了那个年代很多年轻人对现实的无奈，对自由的渴望，对美好未来的期待。这样复杂而纠结的情绪就这样在这首中国经典摇滚乐曲中得到淋漓尽致的表达。后来有机会在北京工人体育场现场聆听崔健和全场六万人齐唱《一无所有》，禁不住泪湿眼眶。但是我那时候还小，还没有想得太深刻，只能算是刚开始进入摇滚启蒙阶段。之后接触了唐朝乐队和黑豹乐队，知道了两位杰出的主唱丁武和窦唯。唐朝乐队的第一张作品《梦回唐朝》，带着我回到了那段中华民族的光辉岁月：

> 沿着宿命走入迷思，梦里回到唐朝；
> 今宵杯中映着明月，男耕女织丝路繁忙；
> 今宵杯中映着明月，物华天宝人杰地灵；
> 今宵杯中映着明月，纸香墨飞词赋满江；
> 今宵杯中映着明月，豪杰英气大千锦亮。

这就是唐朝乐队，我们几个懵懂少年听后大呼过瘾，热血沸腾，周末在教室里放唐朝乐队的卡带，声音开得震天响，就这样无可救药地成了摇滚乐发烧友。后来的十多年中，我收罗了国内几乎所有能找到的摇滚歌手和乐队的作品，包括西方的猫王、披头士、平克·弗洛伊德、滚石、克来普顿、迈克·杰克逊、U2 等的作品。

1991 年进入中师学习，当时听摇滚和了解摇滚乐的同学还很少，当时全班同学都在听杨钰莹和毛宁那让人浑身"长疙瘩"的甜歌，我成了同学中的异类。20 世纪九十年代初期是中国摇滚乐的黄金年代，摇滚乐坛巨星闪耀，崔健、唐朝乐队、黑豹乐队、窦唯、张楚、轮回乐队、指南针乐队、眼镜蛇乐队、何勇、王勇……以及后来的汪峰、许巍、朴树……他们共同缔造了一个时代。

1994 年，何勇、张楚、窦唯和唐朝乐队在香港红磡体育馆的演唱会把那个摇滚黄金年代推向高潮，万人空巷，摇滚时代的巅峰到来了。可惜巅峰如闪电般划过天际，即消逝于茫茫夜空。

1995 年之后，中国摇滚乐渐渐在物欲横流的社会风潮里走向了没落，理想终究挡不住现实与世俗的诱惑，摇滚逐步淡出江湖，偶尔的出现也伴随着一些负面新闻：窦唯在《新京报》门口怒烧汽车，张炬因车祸去世，何勇得了抑郁症并放火差点烧了自家的房子……

可是对我来说，民主、独立与自由的种子已经种下，而这终将伴随我一生成长。当我还是一个在山沟里默默奋斗的乡村教师时，是摇滚乐与书籍陪伴我度过了一个个静寂的乡村之夜。有段时间，摇滚乐几乎成了我的精神支柱之一，寂静的乡村之夜，无尽空虚，我放声呐喊。从崔健的《一无所有》到窦唯的《黑梦》《艳阳天》，从张楚的《造飞机的工厂》到王勇的《往生》……在众多的中国摇滚乐手中，我最欣赏的是当年魔岩唱片的张楚和窦唯。

张楚是中国真正的流浪歌手。瘦小的身躯，一如既往的装扮——格子衬衫和白色 T 恤、牛仔裤，永远的江湖侠客形象。演唱会上，不管台下观众如何情绪高亢，他永远安静地往吧台椅子上一坐，唱着只属于他自己的歌。他很孤独，但是他唱的却是《孤独的人是可耻的》，犹如他唱的《冷暖自知》那样：

> 走出城市，空空荡荡；大路朝天，没有翅膀；眼里没谁，一片光亮；双腿夹着灵魂，赶路匆忙；烟消云散，和平景象；灰飞烟灭，全是思想；叫或不叫，都太荒唐；疼痛短促如死，道路漫长；天不怨老，地长出欲望；麦子还在对着太阳生长，天空的飞鸟总让我张望，它只感到冷暖没有重量！

双腿夹着灵魂匆忙赶路，疼痛短促如死，道路漫长，冷暖没有重量！这就是张楚的世界。

窦唯的《黑梦》专辑，堪称中国摇滚乐的经典之作。他用梵音吟诵般的声音，向我们诉说着他眼里黑色的世界，犹如他在《高级动物》说唱的那样：

> 矛盾、虚伪、贪婪、欺骗、幻想、疑惑、简单、善变、好强、无奈、孤独、脆弱、忍让、气愤、复杂、讨厌、嫉妒、阴险、争夺、埋怨、自私、无聊、变态、冒险、好色、善良、博爱、诡辩、能说、空虚、真诚、金钱、地狱、天堂、皆在人间、伟大、渺小、中庸、可怜、欢乐、痛苦、战争、平安、辉煌、黯淡、得意、伤感、怀恨、报复、专横、责难。

这就是这个世界里的人，这就是窦唯"黑梦世界"里人类的生存哲学。最后他唱：幸福在哪里？幸福在哪里？幸福在哪里？……

一遍遍地叩问中，我们才依稀看到照进这个黑暗世界里的那一点点光亮！

这些作品以哲学家般的思考，描述了歌手的内心世界以及他们对这个时代诸多社会现象的前瞻性关注与批判性表达。

摇滚乐成了我这个乡村教师最好的"心灵鸡汤"。

一个也许有点儿稚嫩的年轻人，带着对现实的些许不满与困惑，面对乡村生活的孤独，渴望呐喊却没有路径释放压抑。江南轻歌曼舞型的音乐显然不能表达我内心的声音，我需要有一种声音表达我内心些许的躁动、愤怒以及对这个世界的独立看法，而摇滚乐是最适合不过的表达形式。

摇滚乐留给我最宝贵的影响是它所代表的人格独立、自由平等思想和批判性思维方式，以及对社会理性而富有激情的表达。摇滚乐也契合了我内心深处的某种叛逆性，而这种性格和摇滚乐又很吻合。宁静的乡村之夜，边阅读《南方周末》边听摇滚乐是最般配的一种结合。

每一个教师都需要有如摇滚乐所倡导的民主、平等、理性、自由、独立、开放、尊重与爱的理念，教育更需要有如摇滚乐所崇尚的独立与自由，需要这样有穿透力的批判性思维。在这种思维的主导下，我们做出来的教育才能贴近儿童，富有生命的张力。在我看来，追寻自由、民主与平等是生而为人最重要的权利之一。作为教育者，我们需要在儿童身上根植民主、独立、自由的思想种子。今天的教育，比以往任何时候都更重视对儿童民主、独立、自由、理性精神的培育，只有拥有这种精神的儿童一代又一代地成长，成长为具有理性思维的大国公民，我们的未来才会更有希望，离真正的文明强国终将不远。

教师的工作思路是不是有创造性很重要！而让教师变得有创造性可能有很多种方式，聆听摇滚乐让我变得更具有创造性思维。一个好的摇滚乐手必须从常规中突破，无论是音乐的表达形式还是对问题的思考，都需要不断突破再突破。摇滚乐给了我不断突破自我的勇气与思维习惯，也启发我用哲学般的思考刻画出课堂教学主题的高度与深度。

感谢摇滚乐，感谢中国摇滚黄金一代，在我人生观与价值观形成的关键时期进入我的生活，并由此深刻影响了我的教育人生。

六、阅读，越读

> 每周都有期待是一件多么美好的事情啊，那只是一本书、一本杂志和一份报纸带给我的希望。

小时候在山区长大，基本上没有条件阅读课外书。初中时，我开始对地理、历史，尤其是军事产生了浓厚兴趣，读了一些有关第二次世界大战和朝鲜战争方面的书籍。

读中师的时候不好好学专业文化课的我，开始狂读武侠小说，金庸、梁羽生、古龙等作品通读了一遍，但是当时读这样的书会被看作是虚度光阴的表现。后来我曾经用金庸先生的武侠方式表达我的教学探索路径——《从无为到无剑——我的课堂教学探究之路》，颇能启发听众。

真正的阅读，其实是从我到农村当教师开始的。在农村待着，空闲的时间比较多，一开始纯粹是因为无聊，为了打发时间才读书。精心读的第一本书是路遥的《平凡的世界》，看完一遍深受感动。这是源于我自己身处底层对生活苦难的理解，对坚韧生活态度的感同身受。孙少平、孙少安兄弟出生在如此艰苦的地方，历经生活磨砺，没有放弃对生活的希望，他们的内心是如此强大。我同样出生寒门，被分配到特别偏远的地方工作，情景相似，读起来特别入情入境、有感触。我想那些生活在中国社会底层、有梦想和追求的青少年，读这本书也会收获非常强大的心灵力量。

后来，这本书我又重读了好几遍。深夜在那个偏僻山村小学的宿舍里，潜心阅读路遥先生的作品，激励自己在农村好好工作和生活，相信未来总会有希望。我还想了很多办法弄到了路遥先生所有的作品：《早晨从中午开始》《人生》，等等，逐一细细品读，从此慢慢养成了阅读的习惯。接着，我有了定期到书店淘书的习惯，开始看贾平凹、梁晓声、余华、王朔、王蒙、余秋雨等作家的书，并在朋友的推荐下订阅了《南风窗》《南方周末》《方法》《三联生活周刊》等报纸杂志。那段时间印象特别深刻的是读余秋雨的《文化苦旅》和南方报业传媒集团的《南方周末》，给了我很多的滋养。

余秋雨的《文化苦旅》是令我印象深刻的一本书，我喜欢他的文字，穿越千年传递的温度与沧桑，历史典故、人物传奇、人文叙事，娓娓道来的描写方式，《莫高窟》《阳光雪》《一个王朝的背影》《寂寞天柱山》……我发现文化评论式的文章很有意思，读起来很是过瘾，之后又开始陆续看他的其他作品。

因为听摇滚乐，我开始买一些和艺术有关的书来读，也看经济学、统计学方面的书籍，还报了法律专业的自考，系统地读了一些有关法律知识的书籍。看的书越来越多，知识面也就越来越宽。

关于阅读，我不得不说《南方周末》《南风窗》《方法》这三份纸媒对我的影响重大。1995年，我的一个好友去了浙江大学读书，有一次他在给我的信里提到《南方周末》这份报纸非常好，让我一定得想办法订来读一读。人交什么朋友真的太重要了，跟着谁、和谁在一起做事情，往往能决定人的一生。人能走多远，很多时候就取决于和谁在一起经历。我们俩一起玩摇滚，后来他还给我推荐了《南风窗》《方法》，我被这些媒体所传递的对中国社会的忧虑、对现实与未来的理性思考所感动。

到今天我都深深记得《南方周末》在1999年《新年献词》中的两句话："让无力者有力，让悲观者前行！""总有一种力量让我们泪流满面！"

那个时候的《南方周末》激进而理性，又充满温情。他们的声音总能进入人的内心，击中人们最柔软的那一部分，引发我的强烈共鸣。

在那个偏远的乡村，尽管订阅的《南方周末》通常晚一个星期才到，但我总是充满了期盼。每周都有期待是一件多么美好的事情啊，那只是一本书、一本杂志和一份报纸带给我的希望。《南方周末》和《南风窗》如同在我面前打开的一扇窗户，让我在那个没有互联网、信息闭塞的年代，尽管身处偏远之地，但眼睛和思维却和这个时代同步，甚至是超前的。因为我和那个时代最具远见卓识以及公平正义感的群体站在一起，这对我人生观以及教育价值观的形成产生了重大的影响。

后来，我开始读比尔·盖茨的《未来之路》、何清涟的《现代化的陷阱》……我还读了大量的人物传记：《李嘉诚传》《洛克菲勒传》《罗斯福传》《毛泽东传》……阅读内容越来越多元。

当我的阅读面越来越宽广，就越来越发现自己的知识太匮乏，观念太落后，思维太肤浅。我经常感慨：自己懂得的真是太少了，原来还有这么多的知识我不知道，原来还有这样的观点和视角，原来还有人这样思考问题……

1997 年，我接触到一个人的书籍，对我产生了较大影响，那就是林达先生。

我读林达先生的第一本书是《近距离看美国之一：历史深处的忧虑》，然后又读了他的《近距离看美国之二：总统是靠不住的》，可谓惊叹！正是这两本书从根本上奠定了我的基本价值观——民主、自由、平等、独立、尊严、理性的价值追寻。之后读他的《扫起落叶好过冬》《如彗星划过夜空》《带一本书去巴黎》《像自由一样美丽》……把他的一系列的书籍全部读完了。

林达用书信的方式，娓娓道来，为我们讲述了有关美国的一个个生动案例：什么是民主？什么是自由？什么是权利？一个社会的道德是如何形成的？什么是美国式思维？什么是契约精神？什么是权利与义务的对等？如何构建相互制约的政府管理体系？……

如果说摇滚乐让我开启了民主与自由思想的大门，那么对林达系列书籍的阅读就是我对民主与自由思想的深入建构过程。另外，林达系列书籍对我最大的影响是理性思维方式的转变，从"愤青"走向理性与宽容。从此，民主、自由、平等、人权等价值观以及理性辩证的思维方式开始主导我的思想，而这些对我后来的教育教学研究起到了重要的作用。

一个教师的专业成长，最关键的其实不是教学技巧，而是他理性成熟的价值观和思维方式的形成。

当我最早从《平凡的世界》开始真正进入阅读世界，到读贾平凹、梁晓声的小说，到接触余秋雨、王蒙等的散文；从《南方周末》到《南风窗》，之后出于修身的需要，开始读《曾国藩家书》，后来又知道了老六的《读库》、余杰的《冰与火》《香草山》……如果我们做一种假设——要促进教师的专业成长只做一件事情，那我会毫不犹豫地说——让教师去读书吧！

现在，阅读已经成为我生命中最重要的事情，成为生活的一种习惯。我的办公室，我家里的床头、书房、卫生间、餐桌、沙发上一定有书，随手抓来就可以读。我每周都会去书店购书，出门在外我的背包里始终会带着一本书，见缝插针有时间就读书，每年能读五六十本书。

阅读就是我的一种生活方式，是我作为教师存在的方式！

我很少读纯粹的教育类书籍，更多阅读的是无关教育的书籍，非常多元，包罗万象。有一年我在杭州参加一个教师专业发展分享会，我提出教师阅读的章鱼论。什么意思？教师的阅读应该和章鱼保罗一样，它有很多触须触及这个社会的不同领域，政治、经济、文化、宗教、哲学、艺术，要看不同领域的书籍，做一个越读者，这样才能建立起多元而综合的知识结构体系。而这样的教师，视野一定会更宽广，更能触类旁通，无疑更能胜任教师的工作。

能否适应综合化、主题化、跨文化、跨领域、跨学科的教育教学需求，是未来的教师所面临的最大挑战。目前来看，我们的一部分老师知识结构单一，思维方式单一，以个人喜好来做决定，思维方式具有片面性，缺少理性和包容性思维的特点，个人片面主义与狭隘民族主义盛行。一个老师也许不需要在某一个领域非常精通，但他一定要知道很多。这样的老师有什么好处？当学生与之交流的时候，他们会觉得老师好像"无所不通"。学生说音乐，老师就能聊音乐；说艺术，老师就可以聊艺术；说战争史，老师就可以聊战争史；说金融危机，老师就可以介绍历史上那些著名的金融危机事件和孩子们分享。

民主平等、尊重学生、知识面广、兴趣广泛、多才多艺、谈吐幽默的老师最能取得学生的信任，并有利于建立起良好的师生关系，这样的老师无疑会更受学生欢迎。

要建构起这样一个老师的特点和形象，最直接最有效的路径就是跨界阅读，多元体验，而不仅仅只是关注教育。非常遗憾的是，现在的很多老师几乎不阅读，花大量时间聊微信、看微博，阅读来自网络的碎片化信息，这些信息很多根本不具有阅读的价值。阅读的碎片化是这个时代最重要的特征，但是碎片化带来的负面影响也是有目共睹的。常常有老师对我说："我哪有时间读书？"据统计，中国人的年均阅读量在全球的排名是倒数的，和发达国家之间有非常大的差距。对比一下发达国家和我们在地铁、候机大厅打发时间的方式，就知道我们是一个多么不懂得阅读的国家。因此，这两年的政府工作报告都把全民阅读写入其中，以鼓励全民阅读氛围的形成。其实，有没有时间读书更多的还是一个习惯问题和重视程度问题，只要我们充分认识到阅读的重要性以及体验到阅读的乐趣，时间根本不是问题。

　　无论站在哪个角度，教师群体都应该是全民阅读的第一倡导者与实践者。改变阅读现状，应该从教师群体开始！

七、广告设计师

　　　　行业之外人士的故事总是更富启迪，教师队伍建设需要跨界思维与跨界体验！

　　曾经听几个非教育圈内的朋友说："你们做老师的，一下子就能看出来，最明显的特征是，聊的话题基本上就是学校和学生。"

　　这是实话。到目前为止，我参加过的教育圈内人士的聚会，聊天的话题基本绕不开学校、学生等。曾经我和同行打赌——聚会不谈学校和学生，结果大家发现居然找不到话题，最后只能聊这些。教师只能聊聊学校和学生，其他话题就插不上嘴，这样的现象透露出什么，又给当下的教师专业发展与培训工作带来什么启示？

　　教师职业是一个相对封闭的行业，工作空间、内容、对象等都处在一种相对封闭和固定的状态。从早到晚基本待在学校里，上课、批改作业、个别辅导、组织学生活动……晚上回家基本上又是备课或学习。可以说，教师的工作性质决定了教师聚会的话题只能是学校和学生的那点儿事情。也许我们可以说，教师就是一个相对孤独的职业。

　　有人说，教育要引领社会发展。我想：一群相对封闭的人所做的事情能引领一个社会的多元发展？好像不太可能。引领社会意味着教师和学校的思考与实践要走在社会发展的前面。就中国目前的教师和学校状态看，基本不可能。

更多的时候，学校和教育在社会的面前是如此弱势，某些事情不要说教育引领社会，教育不被社会裹挟着进入误区就已经实属不易。

教育若真能引领社会发展，首先对教师本身就是一个巨大挑战。我们的教师靠什么才能取得令人信服的引领社会发展的自信？如果有，那一定是我们的教师让广大家长与社会看到了我们的专业精神与负责任的职业态度。远见、专业、敬业、平等、尊重、谦卑、充满教育涵养与教育情怀，才能让我们赢得广大家长与学生的信任，也只有这样才能真正做到引领社会发展。

其实，我们首先需要做的事情是让我们的教育对象能适应未来社会发展的需要，这一点大家应该不会有意见。从这个角度看，教育和教师必须要密切关注社会发展进程，预测社会的动态发展趋势，关注教育对象的社会性和未来性，让培养的学生能最大限度地适应并引领未来社会发展的需要，这一点也是毋庸置疑的。

问题的关键在于，许多教师喜欢关起门来做事情，缺少对社会各行各业的了解，缺少开放的视野和胸怀，缺少对社会发展的敏感度，缺少对不同人群的了解和洞察。久而久之，教师这个行业就成了一个封闭循环，这些缺乏导致很多教师更愿意关起门来做事情，两耳不闻窗外事。

因此，有人就说：今天的学校和教育其实是最顽固的，是另一种奇怪的强势与保守。对学校的评价也就有了类似于学校设计"无菌化"的描述：我们的教育行政机构和教育教学人员，总会想方设法构筑一个类似于医院无菌病房一样的空间，想当然地期待教师和学生都能在这样一个"无菌化"的空间里生活，而不会出现问题或尽量少出问题。

然而，学校设计的"无菌化"有百害无一利。因为教育永远不能和社会隔离，所有人为割裂学校教育与社会多元交流互动的举动都将给教育、学校、教师和学生带来严重的负面后果。

说白了，教育其实就是有关人的发展的事情，对人的了解、洞察与引导是一个教师最重要的工作。一个优秀的教师不仅要懂得了解和洞察学校里的人群，也要了解和洞察社会上不同的人群，因此教师要有跨界体验的经历。有这样跨界体验的教师往往会更平和、开放和包容，视野也会更宽广，也就不会那么"小气"地只拘泥于学校里的那点儿事，只拘泥于分数、名次那点儿短视的教育追求。

很多人说我有比较开放的教育视野。回忆自己的从教经历，这要感谢我曾经做的那些和教育无关的事情以及那些非教育人士给我的启示，也就是跨界经历带给我的影响吧。

它山之石，可以攻玉。

1996年，我在偏远的青街畲族乡中心小学当了一年多的乡村教师后，发现工资太低，为了未来和生存，我和中师的两个同学决定成立一家广告公司，期待能挣点小钱，改善生活状态。三个都在农村教书的乡村教师从来没有做过广告，不知道该如何开展业务，也就是在读书的时候比较喜欢绘画而已，有那么点三脚猫功夫，居然也敢出去拉业务。

我们接的第一个单子是给一家牙医店做一个广告牌。牙医店老板是我一个合作伙伴的同学，我们仨上门"忽悠"一通，他一开始挺犹豫，最后还是答应了。回到家请了一个木工师傅做了一块木头牌子，仨人开始研究该把广告牌做成什么样。找了一些资料，画了几个小样带给牙医店老板让他定夺，结果他都不太满意。回到家继续修改，开反复和他沟通，终于有一个方案得到了认可。连夜赶工，花了两天时间总算把广告牌画完了，用的是最原始的方式，像画油画一样画出来。那段时间，我白天要赶回乡村小学上课，晚上又赶到另外一个镇上画广告，尽管有点累，但还是很兴奋。人啊！就是这么有意思，有事情做就有奔头。第一个单子让我们挣到了300多块钱，相当于我们一个月的工资。

快过年了，我们接到了一个大单子！一天，我和一个同学在街上偶遇，寒喧一通后，得到了一个令人兴奋的消息，他供职的县团委要开一个青年企业家年会，需要做一些宣传横幅挂在街上营造氛围，我初步了解了一下价格和数量，一笔大单啊！我立马和他介绍我们的广告公司。经过一通游说，成功说服了他们的头儿让我们做这个单子，现在想想那年头我的胆子真够大的。

我的两个合作伙伴得到消息也很兴奋，但是在现实面前很快没有了兴奋。因为我们仨都没有做过横幅，不知道是怎么回事，得先去学习。跑了几家广告公司偷偷学习有关知识，包括布料的选择、长度和宽度的要求、印刷的材料和工具……结果发现他们很保密，基本学不到什么东西，把我们给急的。于是就自己想办法解决，先弄来一些硬板纸写上美术字，用刻刀刻出模具，再用刷子印刷，结果发现字的边角总是会渗出颜料。捣鼓了两天还是没有解决这个问题，后来又去一家广告公司侦查，回来经过一通实践，总算弄明白了其中的关键点所在。

于是我们连夜加班，不分昼夜地工作。做好的横幅挂在我同学家三楼的阳台上往下飘，以让横幅早点晾干。横幅是白色的，字迹是红色的，大过年的，我同学家飘满了白布，他爹看了直摇头。我们知道那样不吉利，但是有钱挣也就管不了那么多了。终于，在过年前三天，我们把所有的横幅都做完了。一共 27 条，每条价格 240 元，成本仅 55 元左右。一周的时间，我们挣了差不多 5000 元，平均每人获利 1600 多元。那年头，我一个月的工资才 300 元左右，这相当于我半年的工资了，把我们仨年轻人给乐的，全然忘记了连续工作的疲劳。回去后，我花了 1300 多元给自己买了一台寻呼机，以方便联系订单，我也成了我们那个乡村小学第一个有寻呼机的老师。

后来，我们陆续接单子给商店画广告、做招牌。白天教书，晚上赶出去画广告。有一次给电力公司在墙壁上写用电常识宣传，一个字 5 块钱。那时快放暑假了，大夏天的，太阳当空照，全身都汗湿了。有一次晚上赶工做事情，第二天一早坐车赶回乡村小学，一个馒头咬着一半还没有吞下去就睡着了。

那两年的平面广告设计与市场营销策划实践经历，让我对创意与沟通有了全新的认识。我学会了很多创意的方法，充分认识到创意在做好一件事情过程中的重要性。而创意的产生源于产品本身、客户需求以及设计者的独特建构。

一个优秀的广告作品，创意第一，没有过人的创意就称不上是好的广告作品。有了两年多的广告从业经历，做事情是不是有创意慢慢成为我很重要的自我评价标准，我越来越意识到只有想得不一样才能做得有特色。以致后来我全身心投入教育的时候，对每一节课例的研究和每一个教育教学方案的设计，总是把创新性摆在重要的位置加以考虑。因为创意十足、方式新颖，总是令人难忘，因此也就有了很好的教育教学效果。

为了设计一个优秀的广告作品，我们在一个又一个的创意中寻找更完美的方案。我们总是认为也许下一个设计方案将会是更好的方案，从来没有放弃过对更完美方案的追寻，就这样自然而然地形成了做事追求完美的习惯。而这样的习惯对我后来从事教育教学工作产生了很大的影响，特别是对课堂教学的追求，要求完美无瑕。正是在这种习惯的作用下，我那一节一节不懈追求完美的课例诞生了。

我创作的课例，带有鲜明的平面广告设计的思维模式，力求课堂教学设计创意最大化，对课件画面与背景音乐追求平面广告般的简约和完美，有时候甚至达到苛刻的程度。2003 年，当我第一次在市级公开评优课中亮相的时候，我的创意课堂与课件作品给了所有听课教师一种前所未有的冲击力，所有评委都打了满分。

两年的广告从业经历，也让我有了"客户"的概念，以前更多是从自己的角度出发看问题，自己觉得好就行了，在教育上更是如此，会无意识地从教师和学校的角度出发看问题，而较少站在儿童的角度思考。当我带上自己的方案和客户沟通，发现我们认为好的设计在客户眼里并不一定是一个好设计，因为我们没有从他们真正的需求出发或是没有读懂他们的需求。因此，我慢慢懂得要沉下心和客户沟通，了解他们的需求，通过沟通引导客户认识产品，这样才能做出符合我们共同期待的好设计。

教育也应该有客户理念，学生是我们的客户，家长是我们的客户。每一个客户都是不同的，我们懂得客户吗？我们的教育和教学是不是真正基于客户的个性化需要？我们的教育路径是不是真的尊重了学生的成长规律？只有心里有着"教育客户"的老师，才能给予儿童适合其发展的好教育。

当然，两年多的广告从业经历，还让我学会了如何与客户沟通，从客户的需求与产品本身特点出发设计作品。尤其是遇到不同意见的时候，要在创意本身与客户要求之间达成共识。慢慢的，我形成了站在对方角度看问题的沟通思维方式。而良好沟通技巧的形成对我也有很大的帮助，这种帮助不仅体现在课堂上和学生共同构建和谐、民主的师生关系，也体现在日常教育教学管理的事务性工作中。

除了做广告，后来我还做了很多和教育没有关联的事情，认识了一批教育行业之外的朋友，有些朋友还成为至交，他们做事情的思维方式跟教师不一样，能够带给我很多的思考和启迪。与那些三教九流人士的接触提升了我的处世及阅人能力，其实做教师又何尝不需要这样的能力呢？这些能力对我后来做班主任工作，做好不同家长的沟通与协调，特别是作为学校管理者与社会各界对话非常有帮助。我越来越懂得站在对方的角度看问题的重要性，深知理解、尊重、真诚、实在乃是做人做事之本。这些经验都是在跨界体验中学会的。

因为职业特性，大部分教师很少有接触行业之外人士的机会，欠缺处理行业之外事情的经验，这样会导致教师相对的封闭性。教师应当是嵌入社会的人，而不是围墙内的"另一种封闭的人"。世界是多元的，让教师多一些职业之外的生活体验应该是教师队伍建设需要关注的问题。如果有可能，我们应尽量创造机会去认识教育行业之外的人和事，这样可以让我们对职业有更多元的认识。知道律师怎么干活，公务员如何处理事情，医生如何每天面对不同的病人，出版社的编辑如何编辑稿件……当我们了解得更多，就会懂得引导儿童对社会的多元化有更理性的认识。孩子长大了，也就懂得了和不同的人群交往。

一个孩子的成长过程，要逐步接触成人的世界，并且在成人世界的影响中潜移默化地成长。学校的课堂、课程也应该给学生多一点儿空间和机会。把不同职业的特别有体验的家长请到学校里来跟孩子们交流，和教师们对话，有助于提升师生对人的多样性、生命的多样性的认识。

行业之外人士的故事总是更富启迪，教师队伍建设需要跨思维与跨界体验！

第三章

师·生

所谓的问题儿童，很多时候都是成人思维在儿童身上的有罪推定。

一、尊严

多年之后，我们的学生是否依然会怀念我们？怀念他们的班级？怀念他们的课堂？怀念他们的伙伴？

什么样的教师才是好教师？也许很多人会给出一些较具共性的意见，如负责、奉献、敬业、有爱心、严厉、教艺精湛，等等。关于好教师的评价是教师队伍建设的关键性问题，因为它引领教师成长的方向。长期以来，我们习惯上用一些大而全的高标准来评价教师，却很少去思考这样的高标准是否合理。

而我一直坚定地认为，当教师的教育价值观和世界主流教育价值观脱节，缺乏尊重、民主、自由、平等、独立意识，眼里只有升学、考试、分数、名次，教师越是负责任，教育效果往往就越差，因此也就有了一种好教师到底有多"坏"的说法。

身为教师，面对这个关乎自我评价的关键命题，我有一种很朴素的判断。判断一位老师是不是好教师，其实很简单，两点就够了。

第一点，我们的学生回到家里，是不是经常怀着一种自豪、喜悦的心情，跟他们的父母共同分享班级里所发生的那些好玩动人的教育故事，也就是这个老师会不会经常成为他们家庭交流的重要话题之一。第二点，学生毕业多年之后，是否依然会怀念这位老师，是否依然会给老师打电话，向他咨询一些问题的意见并告诉他那些关于自己成长的消息。学生聚会的时候，是否会经常聊起这位老师，回忆那些和他有关的难忘教育往事。

以上两点是我最朴素的判断。如果非得要再加上一点的话，那就是当我们作为教师离世的那一天，在我们的追悼会上，那些曾经教过的学生有几个会出席我们人生的最后一程。如果很多，说明我们是成功的教师，这大概就是所谓的"盖棺定论"。

据说胡适先生过世的时候，他的门生和各行各业约 30 万人参加了他的葬礼，这足够证明胡适先生是 20 世纪中国最杰出的教师之一。

什么样的教师会成为学生怀念的对象？那一定是个性鲜明、有学识、有修养、幽默风趣、充满童心、教育教学有特色、富有同理心、懂得民主公平、给学生自由、能读懂儿童尊严的教师。

让学生怀念的教师还有一个最基本的职业态度——关注所有学生，尤其关注班级里处于弱势群体的学生。他和学生共同营造了充满尊严感与幸福感的"师生—生生"人际交往环境，他们之间发生了好多好多让人怀念的教育故事。

因为成功的教育基本上都取决于一个重要前提——充满爱与尊重的师生关系。这样的感触源于我的求学经历，还有自己当教师的那些体会。

小时候我长期住在山里，长得灰头土脸的，跟镇上的小朋友比起来，显得老土很多。衣服破旧，背一个那个年代的五角星书包，有时候穿的裤子上还带有一块一块的补丁，像贴了一块膏药似的，补丁一圈一圈又像打靶的靶心，我的同学常常拿铅笔戳我屁股。由于家处山区，我从小是一个不太善于交流的孩子，性格有点孤僻。记忆中我从小学开始到初中，一直是班级里的弱势群体，感受到更多的是被漠视与不被尊重，甚至还有因为被歧视而带来的比较严重的挫败感。

我 6 岁的时候开始读书，父亲还算是一个比较有远见的农民，他把我送到了距离我家走路大概需要两个小时的镇中心小学读书。为了不迟到，我基本上每天凌晨五点多起床，六点钟出发，步行大约两个小时到学校。

前往学校的山路蜿蜒崎岖，其中最陡的一段要从陡峭的山崖中间穿过。这是一条羊肠小道，大约三十厘米宽，旁边就是百米高的悬崖绝壁。尤其是下雨天或是冬天山上结冰的日子，路面湿滑，要穿过去更是一种挑战，我总是走得小心翼翼。

上学的路挺远，但那算得上是快乐的路程，一边玩一边走，有时候就会因为玩过头耽误了时间而迟到。记得一年级第二学期，有天早上下好大的雨，等我到了小溪边发现发洪水了，过不了小溪。只能绕道过桥去学校，加上风大雨大，当我狼狈不堪地赶到学校时，已经全身湿透，最糟糕的是我又迟到了。

同学们正在教室里朗诵课文，我躲在教室门外，犹豫着是否要进教室，汗水夹杂着雨水，我的脸上写满了恐慌，内心忐忑不安。不一会儿就被同学发现了，教语文的陈老师打开了门，看了看我，一脸铁青！我知道肯定惨了。老师大声问我："怎么又迟到了？"我低头不吭声。她又问了一次，我还是没有回答。这下陈老师可生气了。也许是她感觉到自己的教师尊严受到了挑战，拿着书用力地拍打教室的木门，每发出"啪"的一声，我的心就"咯噔"一下。她开始历数我过往的"斑斑劣迹"。我终于开口了，告诉陈老师这次迟到是因为小溪发洪水绕了远路，期待能得到她的理解。

可是老师好像更生气了，她说："我才不管你走了多少路，迟到就是迟到了，别人为什么就不会迟到呢？"然后抢过我的书包，直接丢到了楼下。地面泥泞不堪，大雨之后有一大摊黄泥水，我转头一看，书包已经躺在了黄泥水里——惨了！我什么都不顾，飞快地往一楼跑，捡起书包打开一看，果然已经湿透，书包直往下滴脏水。

这时候，陈老师站在二楼朝我喊："你不用读了，直接回家算了！"

但是我并没有回家，而是再次回到楼上，对陈老师说："让我回家可以，但是你得把钱还给我，我妈交了五块钱的学费，才读了两个月，你得把剩下的钱还给我。"老师显然被我的要求弄蒙了，愣了片刻之后就是一阵怒骂，并罚我站在教室外反省！第二天父母知道了这件事，把我暴揍了一顿。后来，陈老师碰到我母亲，又历数了我的诸多不是，还一直重复一句话："教了一辈子书，没有教过这种学生。"

后来，不知道为什么，陈老师总是不由自主地在课堂上打击我。记得有一次选班干部，我的同桌和我处得挺好，居然鬼使神差地举手推荐我做候选人，结果陈老师顺口就说："推荐他？有谁会选他呢？"结果全班同学哄堂大笑。要投票了，陈老师问全班同学："有谁愿意选池昌斌的？"全班同学再次哄堂大笑。推荐我的同桌眼见形势不对就背叛我，也不举手了，结果我得了零票，创造了一项难忘的选举纪录！

记忆中还有一件印象深刻的事。那时正值学习《明明上学》一课，课文主要讲的是明明同学在上学路上抓蛐蛐差点迟到的故事。在预习课文的时候，我告诉同桌我家旁边石头堆里的蛐蛐长得硕大，而且叫得特别大声，他就让我抓两只给他看看。于是，放学后我就在自家院子的石头堆里翻石头找蛐蛐，第二天还把两只大蛐蛐放在火柴盒里带到学校和同桌一起观察。第一节是语文课，悲催的事情发生了。刚上课不久，火柴盒里的蛐蛐就开始叫唤，第一次老师没有在意，后来接连叫了几声，老师问："教室里怎么会有蛐蛐的叫声？"这时候我后桌的同学就举手报告老师："是池昌斌带来的，在他的书包里。"我吓得心跳加速，双手哆嗦。可想而知，结果很悲惨，又被老师臭骂了一顿："不好好读书，就知道玩！"我本想解释一番，但是老师不给我机会，又把我赶到办公室门口站了一节课，课后还引来一堆同学围观。

到我自己做了老师后才知道，原来那是好学的表现，是典型的探究性学习！可惜，我的求知欲和好奇心就这样被老师扼杀了。

还有教我数学的黄老师，他的脾气和学生的成绩基本成正比，学生成绩好他的脾气就会好一点，学生成绩差他的脾气就会差。小学毕业考前，我母亲问他："我儿子能考上中学吗？"他半开玩笑地说："像你儿子这样的全校没有几个，要是他能考上中学，估计全校都能考上，准备回家种地吧！"

这种事情经常发生，我的挫败感不断积累，最要命的是没有尊严感。学校应该懂得为儿童创造快乐而有尊严的校园生活，这是儿童能否健康成长的关键因素之一，更是学校和教师最根本的价值判断与使命所在。可惜二十多年后的今天，中国的很多学校和教师依然会在不经意间挫败儿童的尊严感，让他们伤自尊，让他们颜面扫地！无论是在乡村小学还是那些所谓的名校，我们都能见到班级里那些特殊的位置，还有被老师拎到门口站在教室外面的那孤独的儿童。

试问：几十年过去了，此类悲剧为何一再重演？这是我们亟须反思的地方。

今天我作为一个老师回忆小时候的求学经历，回忆小时候的那些老师，客观地讲，他们都是负责任的老师。那个年代的老师判断学生是否是好学生的重要依据就是听话，像我这样的另类不受欢迎也属正常。但是，他们有一个共同的特点，就是普遍缺乏同理心，更不懂得如何走进一个个不同孩子的内心世界，去读懂每一个不一样的儿童，令人非常遗憾。

面对这些所谓的问题儿童，我们不懂得这些孩子的行为背后到底有着怎样的原因：为什么这个孩子性格有点怪异？为什么他不太合群？这些孩子背后到底有什么故事？对这些看似怪异的孩子，我们不懂得甚至也没有想过要去懂他们，所以很多老师就会以一种固有的思维来判断他们是有问题的。从法律上讲，这就是典型的有罪推定。当老师对孩子进行有罪推定判断的时候，就会给这些孩子贴上一个标签——问题儿童。而孩子一旦被贴上这种标签，我们就会不知不觉地放大他们的缺点。作为老师不尊重一个孩子，最要命的后果是什么？是会带动全班孩子不尊重这个孩子，并在全班营造不尊重的氛围。在这种情况下，很多类似不幸的孩子会自我否定，甚至自暴自弃。

梅里雪山主峰卡瓦格博

我一直认为，所谓的问题儿童，很多时候都是成人思维在儿童身上的有罪推定。教师能不能读懂弱势群体学生背后的故事，维护弱势群体学生的尊严，关系着教师能不能成功教育好每一个孩子，并成功带出一个充满尊严感的班级。

如果教师能够尝试站在儿童的角度去倾听他们的故事，去感觉他们的喜怒哀乐，努力走进他们的内心世界，那么教师就会努力站在儿童的立场思考自己的教育行为，孩子在校园里将会得到应有的尊严感。作为教师，最重要的使命是让每一个学生拥有幸福、快乐、有尊严感的校园生活！

后来，当我做了班主任，我就特别注重这一点，因为我感同身受。我会努力给予班级里的个性学生、另类学生和弱势群体学生比其他学生更多的关注。我坚持一个教育常识，在我的班级里：公平、尊严永远比其他东西重要。

作为教师，我会用一生的努力去读懂那些不一样的儿童，尤其是那些另类儿童的尊严，并给予他们充满尊严感的校园生活。

二、敬畏之心

人生充满无限可能，因此我对每一个儿童的未来都秉持敬畏之心，尽管有些孩子现在让我大伤脑筋。

对每一个学生的未来秉持敬畏之心，是我一直坚持的又一个教育常识。那是因为我知道，每一个孩子都有无限发展的可能，每一个儿童都会成就他们生命的奇迹。

作为教师，我们没有足够证据表明现在就能看出一个孩子的未来会是什么样，而现在所谓鉴别孩子优秀或是不优秀的统一考试机制与评价方式明显具有短视性，并违背了基础教育的根本目的与功能，不具有科学性。我们就用这种不具有科学性的标准去评判一个孩子，界定学生张三是优秀的，学生李四是不优秀的，有的教师甚至还预测孩子的未来会如何如何。这些教师好比那些算命先生，细细一想，实在荒谬。

这种算命式教育的根源是什么？算命式教育带来的恶果又是什么？其根源还是这些教师对基础教育的认识还没有回归到其应有的基本定位。在他们的眼里，当下基础教育还是以知识的掌握为主要目的，以单一的应试为主要手段来评价我们的孩子。

这样的评价方式还犯了一个低级错误——忽视了基础教育的功能是指向人的终身发展，是为了更有尊严、更幸福的人生做准备，是为了每一个人都能发现自己，从而为成就自己做准备。

我们的教育若忽视了基础教育的基础性功能，忽视了人生的长远发展与人生无常，这就有违常识。因为人生是一场超级马拉松，能不能以优美的姿态跑完全程，考验的是一个人的综合素养，还有那些也许只有上天才清楚的无限变数。

在学生时代，我就被界定为不优秀的人，尽管我现在也不是很优秀。初中二年级的时候，我遇到了几位好老师，他们彻底改变了我。换了老师之后，我对学习有了很大的兴趣，发展各项业余爱好，各方面都有了不错的进步。

1991 年 7 月，我考上了我们当地的中等师范学校。接着是面试环节，很不幸，我成了那一届唯一在面试环节遭淘汰的考生。被淘汰的原因很简单，所有的评委都一致认为我不适合当老师。

印象特别深的是面试那天，所有学生按照抽签序号进入一个面试教室接受老师们的提问。轮到我的时候，我特别紧张。大教室里十几个评委老师一字排开，表情严肃。主考官是一个女老师，姓陈，四十多岁，面无表情。

陈老师首先问了我一些基本情况，比如姓名、家庭情况、中考分数等。正式面试开始了，另一个老师递给我一张纸，上面是一篇小学课文《小马过河》。我平时讲闽南话，说普通话有很浓重的闽南口音，再加上紧张，把《小马过河》读得磕磕绊绊。接着，那位老师又给我一张纸，让我继续读。那是朱自清的一篇散文《荷塘月色》，这下子我更是把优美的散文读得一塌糊涂。

接着，陈老师又让我唱一首歌。这个我还是有准备的，面试前几天临时请教了一位教音乐的小学老师，她教我唱了一首很革命的歌曲——《没有共产党就没有新中国》。面试结束了，陈老师神色凝重地跟我说："孩子，很遗憾，我们都觉得你可能不太适合当老师。你发音不准确，表达不流利，形象也不怎么好，唱歌基本都不在调子上，所以我们觉得你当老师可能会影响学生，说得难听点会误人子弟。所以，我们决定不录取你，你告诉家人，准备读高中吧！"

很快，母亲就知道我被淘汰了，她显得特别难过。作为一个农村妇女，她的孩子有机会上中师是她生命中很重要的一件事情。于是，她一直在面试教室门口等着，等所有评委从教室里出来，紧紧跟着这几个评委，不停地恳求他们再给我一次面试机会。评委们都说我不适合做老师，让她找评审组组长求个情，可是组长陈老师铁面无私，根本不理会我母亲的央求。苦苦哀求之后，评委里有一个特别年轻的女老师（姓卢，后来她是我们的语音老师）把我和母亲叫到边上，她首先跟我母亲说了我确实不适合当老师，可我母亲好像没有一点点要放弃的意思，不停地恳求再给一次机会。后来，卢老师答应再帮我说说情，就进了教室跟评委组长交流，好不容易出来后，答应下午可以再面试一次。最后，卢老师还让我中午在走廊等她，答应帮我辅导。

那天中午，天气很闷热，卢老师如约来到走廊，把我带到她的办公室开始认真地辅导我朗读和唱歌。她告诉我不要紧张，尽量放松，教我一些朗读和歌唱的技巧，指出我明显存在的问题。在卢老师的辅导下，我有了一些进步。

下午等所有的学生完成面试后，主考官让我再次进入考场面试，同样读了一篇文章，再唱了一首歌，我觉得可能要好一点，但估计也好不到哪里去。大约十几分钟之后，有一个老师出来把我叫进面试教室。

主考官陈老师再次强调，我不适合当老师，让我想清楚，现在退回去读重点中学还来得及。我挺想读重点中学，可是我母亲一百个不愿意。后来他们商量了一下，决定让我先试读，并让我跟学校签了一个试读协议。后来我才知道，卢老师的意见起了很重要的作用。她在讨论的时候说："农村孩子也不容易，考上了，只要不是真的不太合适，我们还是把他留下来吧，反正他以后也是回到那个乡村里去教书。"

就这样，我就"混"到教师队伍里面去了。这样的经历对我来说确实是一个阴影，因为好多同学都知道我是唯一遭淘汰的对象，并且是签订了试读协议才进来的。很长时间以来，我总觉得自己在同学面前没有自信，一直到我工作很多年之后。

中师毕业 6 年后，卢老师成了我们县分管教育的副县长；中师毕业 16 年后，我成了浙江省最年轻的特级教师。2004 年 11 月，我有幸从一百多位选手中脱颖而出，代表温州市参加全省的课改巡礼活动并在杭州主会场上展示课，得到了较高的评价。回到平阳之后，卢老师以县政府的名义宴请教育局有关领导和我。在宴会上，她跟教育局长提起了我入学的那段往事：池昌斌当年曾经被拒之门外，被确定为不适合当老师的对象，现在却成了一个好老师，所以一切都有可能，我们要相信老师，老师才会相信每一个孩子。

很多老师坦言，那些在学校里看似不太着调的学生离开学校后同样也能取得不错的发展。相关研究表明，一个学生在中小学阶段的学业成绩和他们的一生是否成功与幸福没有必然的因果关系，因而就有了所谓的"第十名现象"。我们的学生不管现在表现怎样，他们的未来会发生怎样的奇迹，我们真的不知道。因此，千万不要给当下的学生下一个定论，也不要因为现在他们暂时的不优秀就对他们有不一样的区别对待。任何人的一生都是在跑超级马拉松，首先比的是健康和耐力，而不是百米之内谁快谁慢。人生充满无限的变数和不确定性，而恰恰这些变数不是教育所能确定的。

我知道自己面对的是一个个充满无限发展可能的孩子，也深知每一个孩子都有可能会成就奇迹，所以我会精心呵护一个个可以成就奇迹的孩子，尽管有些孩子现在让我大伤脑筋。

当班主任的时候，总有一些被别的教师认为不优秀或是有问题的学生转学来到我的班级，我来者不拒，因此我的班级总是"人丁兴旺"。我总是这样和家长交流："我不能保证你的孩子的考试成绩会有一个质的飞跃，但我可以保证的是他在我们班一定会得到尊重，并找到尊严和自信。"我坚信有的学生在这套评价制度下也许表现不好，换一种评价制度可能就会很出色。也许他们这方面不优秀，但是他们一定有优秀的另外一面；也许他们现在不优秀，但他们可能未来会很优秀。

每一个孩子都是不同的个体，如果我们用一把尺子去衡量不同的孩子，这本身就不科学。因此，我们需要努力的是，找到适合不同孩子的尺子，用不同的标准去评价不同的孩子，让每个孩子都有适合他的评价标准。只有这样，每个孩子才能通过教育成就他们独一无二的自己。

我曾大胆地和校长交流我的成绩观以及成长观，坦言我不会追求我教的学生考全校第一，如果我倾尽全力让我所教班级的学生在考试成绩上成为全年级第一名，那就证明我的教育观念有问题。因为学生一天就那么多时间，如果把大量的时间都用了对学业成绩的极度追求上，那么他的多元发展与体验的可能性就几乎不存在了。

我认同一个观点：一个人能否优秀，看他闲暇的时间在想什么、做什么。如果一个苹果砸到当下正在题海中奋战的中国学生头上，会砸出什么呢？如果一个学生没有属于自己的闲暇时间，那么他的成长将缺少情趣与多元的可能。

基于评价制度的需要，我会努力让学生有一个不错的考试成绩，但是不会把大量的时间都用在对成绩的极致追求上。我更重视分数之外的个性品质培养，更重视为学生留出闲暇时间。如果我和我的学生用了那么多时间取得第一的考试成绩，失去的起码是得到的十倍，那就是典型的眼里只有考试与分数，没有人的成长的教育。当下教育最糟糕的一面就是只用学业成绩来鉴定一个孩子是否优秀，只用考试成绩来界定孩子们在学校里是否拥有成功。但是，无数事实已经证明——一个儿童能否健康成长和成绩的好坏没有必然的关系。

真心希望我们的教师和家长都能理性看待所谓的分数，不要追求分数上的极致！教师在苦苦折腾学生拿到高分而获得成就感的同时，我们的学生是否因此失去了童年的价值与未来？作为教师是否也失去了本该拥有的那份闲淡的心境、平和的心态与优雅的气质?

我坚信好教育最重要的是让人拥有理性的价值判断,人性的自由与尊严,坚定的信念与抗挫折能力,民主与平等的人权意识,开放与包容的胸怀与视野,不懈创新的习惯与解决问题的能力,善良之心,善于沟通、善于合作……这些品质将影响儿童一生的成长,恰恰不是一张卷子、一份成绩单可以衡量的。当下所谓的考试成绩具有明显的欺骗性,也许"赢在当下",但是很有可能"输掉未来"。

同时,我坚定地认为学校教育一定不是万能的,学校教育也是有边界的。有人说没有教不好的学生,只有不会教的老师,这话看似有一定道理,其实完全不具有科学性。它就是典型的学校教育万能论、教师万能论,把学校教育和教师的功能无限放大。鼓吹教育万能论很危险,教育深受社会影响,一个孩子是否能成长得更好,家庭、学校、社会、机遇……太多因素左右着他们的成长之路。

拥有一个怎样的现在才能开创一个不一样的未来?

我们唯一需要做的,就是对每一个儿童的当下和未来秉持敬畏之心。

三、中间地带

我们需要走在成绩和成长的中间地带，尽管这样颇为无奈！但这也是当下不错的选择，至少我们不要成为考试成绩至上的主导者或是"帮凶"！

经常有人问我，在当下这个社会，家长更看重的是孩子的考试成绩，你怎么面对这样的现实和你教育理想之间的鸿沟？你如何坚持自己的教育价值判断？

首先，我不反对孩子应该拥有优异的成绩！成绩不等同于分数。问题的关键是取得分数的方式，教育不应该只剩下分数！

作为教师，我首先重视的是儿童的教育感受，我认为孩子在学校的感觉很重要——他们是否很期待到学校来，他们在这个集体中是否快乐、幸福、有尊严，是否有更多尝试的机会，是否有发表不同意见的权利，是否拥有质疑的可能，是否有多元评价的可能，是否拥有丰富的课程体验，是否可以经历有创意的班级活动，是否养成良好的学习习惯，而我们是否培育了一个有精神追求的班集体……

我们要和家长共同形成这样的认识：成长和成功是两个概念。成长看到的是人的一生，注重的是引导孩子经历生命体验与不断完善的过程，从而指向一个人一生发展所需要的那些基本品质的逐步形成。关注成长的教育，不仅关注当下，更关注未来发展的可能性。而指向成功的教育更多直奔所谓成功的结果，为了那个成功的结果会屏蔽许多和这个成功结果看似无关的教育经历。以成功为结果的教育往往是功利的，追求效率与快速，会选择性地忽视一个人的成长需要一个漫长的过程，而只在乎当下评价制度所需要的那个结果。

尽管很多人都知道，只在乎结果、忽视过程与成长的教育会带来比较严重的后果，但面对现实，很多家长和教师还是很无奈。然而，作为有坚定教育理想和信念的教师，我们还是可以有所作为的。

我们需要清醒地认识到，基础教育要做的是为人的一生成长奠基，分数不能代表全部，尽管在当下，中考、高考分数很重要。

当我们用心呈现这些教育追寻与实践，当我们用心去实践什么才是民主、尊重、自由、独立、平等的教育观念，孩子们就会把他们在学校的愉悦体验告诉家长。当孩子们欣赏他们的老师，喜欢他们的课堂、校园活动与班级氛围，家长就会对老师充满信任感，哪怕成绩暂时不是很理想，家长也会理解。我坚信，在这样的一个社会里还没有哪一个家长会极端到只要分数，不要其他方面的任何发展。很多时候，家长纠结的是横在中考、高考面前的两道门槛，他们更多的是被逼无奈地选择了跑向追求高分的那一端。如果有第二种选择，在分数与未来发展之间可以取得平衡，相信他们会毫不犹豫地选择第二条道路。毕竟，人生不仅仅就是18岁那一年毕其功于一役的高考。这个再简单不过的道理，相信任何一个家长都知道。然而，要让家长真正认同，还需要我们和家长建立共同的教育价值观，需要和家长沟通并分享理性且富有远见的教育认识。

我们需要走在成绩和成长的中间地带，尽管这样颇为无奈！但这也是当下不错的选择，至少我们不要成为考试成绩至上的主导者或是"帮凶"！

在当下，让教育引领社会有非常大的难度，但是一个有追求的教师肯定可以传递理性并富有远见的教育理念，并由此影响社会对待教育的态度。教育的功能是什么？是让人的发展充满无限可能，是让人更有尊严地活在这个世界上，是为了让人能拥有更美好幸福的人生，而不仅仅只是为了一个冷冰冰的分数。家长其实都懂得这个道理。据我的多年工作体会，家长们加入追求高分的队伍，很多时候也是被学校和老师所"逼迫"。

当我们和广大家长在教育价值观上达成了默契，我们才能使教育真正有利于儿童的终身发展。我当班主任的时候，通过开家长会、给家长写信、定点家访等形式和家长共同探讨有关教育的理性追寻，和家长就教育价值观问题达成共同理解。家长很清楚我和孩子们在一起的状态，也基本上对分数有一个理性的认识，不会追求极致，他们更看重孩子的长远发展。

很多年后，我的这些教育价值坚守得到了很多学生与家长的认可，我"走在中间地带"的教育坚守为他们的长远发展保留了一些可能性，为此我感到很欣慰。

其实，我们还需要和我们的同事、领导表达我们的理性声音，很多校长比我们更懂得分数不是唯一。校长、家长与学生，需要达成一致的教育价值观认同。我们重视分数，但是我们同样重视分数之外的教育价值，这样就会慢慢改变当下的教育生态。点点滴滴地积累，大的改变就能成为现实。学校里，校长最敬畏的是哪一类教师？是那些对教育的理解理性到位、工作认真负责有创意、敢于承担从不推卸责任，同时又有明确教育主张的教师，这些教师最能得到同事与校长的尊重和理解。

我教了这么多年书，所教班级从来没有考过年级第一名，学生成绩一般中等偏上，但从来没有哪一个家长拿我说事，也从来没有哪个校长拿我说事。一个教师如果懂得尊重儿童，敬畏儿童的未来，跟孩子之间有温暖的教育交流，跟家长之间有很默契的教育价值观共识，和学校管理层之间也有很通畅的教育价值观沟通，走在成绩和成长的中间地带就可能实现。一个明智的校长，一定懂得尊重或理解有个性、有教育主张的教师。我相信绝大部分的校长都是这样的。

教师必须要有自己的教育主张，不能随大流，对教育要有清醒的认识，对自己正在做的事情要有一个清楚的判断，要恰当地发出自己独立判断的声音。一个教师如果总是让自己的大脑成为别人思想的跑马场，或是随着社会也许不太理性科学的意识洪流走，这就很危险。尤其值得警惕的是，在这样一个教育概念层出不穷的年代，一些教师变得人云亦云，失去了对教育主张的坚守。

很多教师基于各种各样的原因，即便心里有教育主张，也许怕得不到认可，就会按照这个社会约定俗成的方式理解教育、实践教育。他们最常说的话就是："道理我都懂，但是我又有什么办法呢？""他们都这样，家长、校长要的都是分数，我也只能这样了！"因此造就了一批不会思考，也不愿意思考，不会坚持教育理性判断的教师，教育圈内"劣币驱逐良币"的现象很让人担忧。

也许是我的阅历，让我秉持了独立性。

我在农村长大，有着农民般朴实的想法。在成长的过程中，有过一些教育之外的体验，尝试阅读不同领域的书，玩摇滚，做设计，登山，徒步，慢慢形成了坚持自己独立思考问题的习惯。我始终认为，民主、自由、平等、博爱应该成为这个社会的价值主流，自由的氛围是多元化声音存在的前提，人人都应该拥有自由表达自己声音的权利。

正是基于这样的认识，我努力在班级里营造民主、尊重的氛围。我有我的声音，你有你的声音，我可以不同意你，但是没法剥夺你表达不同声音的权利，同样我也有我的权利。孩子也一样，你有你的个性，他有他的特点，我们对每个孩子都保持尊重。

我的课堂教学确实是伴随着争议逐步完善的，但是我坚持下来了。后来争议我的人，慢慢地开始理解和接受。

要实践这样的教育理解，教师还应该有慈悲的教育情怀！教育应以尊重为前提，用一种适合学生的方式跟学生平等交往。我不太愿意当面严厉批评孩子，更多的是和孩子平等地探讨关于他们的现在和未来，并引导他们去思考。这大概是源于我小时候的经历。

换位思考真的很重要，这是再简单不过的道理。

有多少教师面对孩子的时候，还能经常想到自己做孩子时候的那些事情？我当教师，时不时就会想起自己当学生的那些事、那些感受，它告诉我应该如何面对孩子，如何读懂孩子，如何给孩子有尊严的校园生活。作为教师，要时不时地让自己回到学生时代，把自己当成一个学生，想一想自己当学生的时候喜欢什么样的课，喜欢什么样的老师，喜欢什么样的同伴关系，喜欢老师布置什么样的作业。

现在有些教师面对孩子麻木不仁，有极少数教师甚至冷酷无情，这令人无法容忍。面对他们的行为，我只想说："拜托，你也读过书吧，你也当过学生吧！扪心自问，如果你还是一个学生，你愿意接受这样的一个老师吗？"

在这个唯分数论的社会，我们真的可以坚守那些正确并富有远见的教育价值判断，可以不被分数裹挟，可以不被分数绑架。

在这个以分数论英雄成败的教育年代，让我们试着先走在中间地带吧！

四、阳刚之美

教育让人儒雅，教育同样也要让人变得坚忍，充满勇气和力量。

有一次，看到一个老师在微信上给我分享一篇关于校园欺凌事件调查的文章，结果让人意外：大部分男生都表示自己受到过女生的欺凌，有一部分男生还详细描写了在女生的"暴力"下仓皇逃跑进男厕所避难的狼狈样子。大笑之后冷静一想，男生缺失阳刚之气已经是当下中小学教育中的一种常态。

为什么学校里的有些男生不像男生，缺少了阳刚之气？还流行"女汉子"文化？

现在很多孩子都是独生子女，很多家长把孩子当宠物养，而现在学校教育鼓励赞美和表扬，反对严厉的惩罚，这点已是社会主流认识。况且，现在学生天天忙于作业和考试，没时间锻炼身体，更不要说高强度的体能训练了！但是，当男生像女生，变得越来越柔弱的时候，就有必要思考教育"宠物化"带来的危机与解决策略。

站在阳刚和柔弱之间，教师要智慧地界定哪些事情需要教师和家长合作，共同施展教育的阳刚之美。通过那些也许有点残酷的训练和教育干预，让我们的孩子在强健体魄的同时，也具备毅力和勇气，变得坚忍和勇于担当。

在大多数情况下，我对学生并没有严格的要求。他们可以比较自由，有很多选择的空间和可能，尤其是在阅读、思考、研究、解决问题的时候，我鼓励学生处于一种"自由散漫"的状态，因为安全宽松的学习氛围，有利于他们的思维处于活跃状态，有利于创新成为可能。但是在某些时候，我也强调组织纪律性，重视阳刚之气的养成，尤其是在一些特定的场合，我一定要求学生表现出高度的组织纪律性和强大的凝聚力，如体能训练、运动会、出操、升旗仪式，等等，就需要展现我们的力量与精神。教育让人儒雅，教育同样也要让人变得坚忍，充满勇气和力量。

我女儿开始学游泳的时候先在儿童泳池，长度是 20 米。她习惯性地游 20 米就开始休息，爬上岸后对我说："爸爸，我游到了。"我让她再游得远一点，她接着游了大概 10 米左右，就游不动了。几次以后，我对她说："走！跟我来！"我把她带到成人游泳池。

一开始，她站在岸上不敢下去。于是，我先下水等着，好不容易她下了泳池，即使是最浅的地方，还是淹没了她的小脑袋！女儿充满了恐惧，紧紧抱着我的脖子。我就这样带着她来回走了两圈，对她说："看看，没事儿吧。肯定没事儿。你先试着游，爸爸就在你边上，不会有任何问题。"

就这样，她试着游了十几米，停下来马上就淹没了头，吓得不行！后来，我在旁边抄了一根竹竿，站在泳池旁边对她说："你大胆游，如果游不动了，我竿子一插，你就像猴儿似的赶紧上来抱着竹竿就行了，要相信自己！"

她反复跟我说："爸爸，我们还是回到儿童泳池吧！"而我只有一句话："必须在这里，直到你能一口气游 50 米为止，你肯定行！"

女儿看看没有商量的余地，只能下水尝试。就这样练习了几趟，差不多一口气能游 30 多米，可是来回几次就不行了。第一天不行，第二天也不行。第三天我对她说："你游不到对岸，就永远不要上来。"看我面无表情，她一口气就游了 50 米，休息了片刻回程 50 米又游完了。后来，她很快就能游 100 多米。为什么她突然间就行了呢？这和我的强硬态度有关系。

女儿骑行四姑娘山

通过几天观察，我发现她的问题不在能力而在意志力。当她以为 20 米就是她极限的时候，就需要外力介入帮助她突破那一个临界点，这样能力就会在很短的时间内得到提升，也就是所谓的从量变到质变的过程。教育在充满鼓励的同时，还要在安全的教育环境下有适度强制的力量。当孩子在强制下游不动的时候，那根竿子就能让她获得安全支撑。

我相信孩子的成长需要有突破临界点的深刻体验。生活中有些事情，当你认为快不行的时候，其实咬咬牙就过去了。

管理班级的时候，有几类事情我会特别严厉。比如说，作为学校升旗仪仗队，整个班级拉出去，就要走得极其精神，而且要非常整齐，给人精神抖擞、有力量的感觉，需要展现出一种气势。

我也特别重视运动会上运动员对待比赛的态度和全班学生的共同参与度。运动会前我会陪着孩子一起训练，引导他们不断挑战自己。这个时候的我就会很严厉，当然严厉不是暴力，严厉是用我的正向激励来激发孩子的士气和潜能，让孩子认识到自己的潜能还能得到挖掘，发现自己的新能量，可以再忍耐一点，可以再往前挪一点，可以做得更好一点。尤其是面对男孩子，当他们哭的时候，我只会很清楚地对他们说："一个男孩子，长大了是一个男人，要有男人的样子，哭是没有用的。如果你还是一个男人的话，你就自己站起来！"

练就孩子的阳刚之气的一个重要前提就是——教师始终和孩子们站在一起。夏天学校出操的时候，我发现很多教师，特别是女教师喜欢打着太阳伞或是戴着帽子，而孩子们都晒得够呛！我能理解很多女教师的爱美之心，但是从教育的角度看，教师这样撑着伞，站在伞下面看着孩子做操，负面影响是显而易见的。

孩子们会想：当老师多好，都可以不用晒太阳，而我们却被晒个半死！

什么叫和孩子们站在一起？不管刮风下雨，还是骄阳似火，我永远不会撑着伞出操，也不会戴帽子。学生站一个小时我也站一个小时，学生跑一千米我也跑一千米，学生流汗我也流汗，学生休息我才休息。

一个优秀的老师，要让孩子们看到，老师永远和他们在一起。我们要让孩子们知道，当他们面临挑战和压力的时候，只能选择直面现实，并且用自己的力量和智慧来解决。往大了讲，一个国家培养出来的公民，如果没有直面挑战的勇气和胆略，那将是很可怕的事情。

很多老师教育学生不能打架，被人欺负了就找老师，其实这不是最好的方法。因为很多时候面对冲突只能自己解决，而不是找一个倾诉的对象去诉苦。我一直觉得面对有些冲突，尤其是欺凌，打架是儿童可以选择的解决问题的一种方式，偶尔打架有时候能让儿童学会生存并变得强大。

打架也是一种体验教育，不管是对打赢的一方还是对打输的一方，都是一种难忘的经历。有一次，一个朋友跟我分享关于他儿子的一件事情。他儿子在学校长期受到同学欺凌，告诉老师、告诉家长、耐心教育都没有效果。

他问我怎么办，我给他三个字——打一架！

为什么要打一架？首先，小孩子打架一般不会打出什么大问题。其次，对于一个长期欺凌同学的孩子来说，如果没有尝到被打的滋味，他会以为自己想怎么样就怎么样，目中无人，无法无天，对他的成长不利。而对被欺凌的孩子来说，长期忍气吞声，则容易失去勇气和胆识，形成懦弱的性格，对成长也不利。

往大了说，如果国家被人侵略，长期遭受欺凌，找谁去诉苦？唯一的办法就是拿起武器战斗。打架也许是解决问题最糟糕的一种方法，但是有时候我们只能选择用战斗去换取尊严。偶尔打一架，或许能让人更有尊严，更能体会宽容，更懂得体会他人之痛苦。当然，教育也要让人更儒雅尊贵，充满文明的力量，需要刚柔并济。

枪炮与玫瑰，为了捍卫玫瑰的尊严与纯洁，我们有时候只能拿起枪炮战斗。

作为教师，当面对我的学生，尤其是男生，我要引导他们像男人那样，做有力量的人，有梦想，不屈服，不懦弱。当他们面对压力和挑战的时候，我得让他们相信拼搏的力量，鼓励他们像男人那样去战斗。学生会看到一个有力量的老师带着他们共同克服那些看似不能克服的困难，就像《烈火战车》里的那个教练一样。

在我看来，以军人风格教育学生，是学校教育需要的。升旗、运动会，要让孩子们感觉到凝聚力和精气神，把整个班级的凝聚力调动起来，挖掘他们的潜力。良好班风的形成有很多措施，通过运动会、广播操、升旗仪式这些活动，带出正能量，是我一直屡试不爽的经验。

那是我从教以来接手的第二个班集体。通过两周的观察，我发现班级很松散。后来，我就利用学校广播操比赛训练的契机，和孩子们很好地体验了一次什么才是严明的组织性和纪律性。

那天飘着小雨，其他班级都回教室了，我站在雨中和孩子们接着练，操场上就剩我们一个班级。练完了以后，我和很多孩子的衣服都湿了。站在操场上的我，就跟部队里的教官一样，非常严厉。恰恰是这样的经历，让很多孩子内心深处的潜能、毅力和荣誉感被激发了出来。

除了拥有知识、创新与解决问题的能力，孩子还需要强健的体魄，更需要责任与担当、毅力与韧性，这些都是当下基础教育比较缺失的内容。这样的缺位会导致基础教育缺失基本的基础性，造就一些只有知识，但是不会担当、不敢担当，身体和性格都很软弱的儿童。

只指向考试的教育很可能会培养出弱不禁风的"白面书生"以及只掌握了知识的"矮子"。教育力量的缺失也许有很多体制性的原因，要改变也许需要很长时间。但是我相信，只要一个个站在课堂上的教师有这样坚定而理性的教育理解与认识，就可以在他们的班级里有所作为，让教育充满阳刚的力量。

五、雨天足球赛

　　　　踢球的乐趣、冲撞的力量、进球的快感、配合的默契、规则的尊重，教育就这样在球场上那么自然地发生了！

　　足球是我很喜欢的运动之一，踢球、看球，我也算是一个老球迷了。足球与生活、足球与教育，有着密切的联系，我的一些教育观的形成就和足球运动的体验有关。

　　初中的时候开始踢球，算是受到几个老师的影响，尤其是中学时代的程老师。程老师经常召集我们踢球，也就是在这样的运动中，他和我们建立了良好的师生关系。在比赛中，程老师告诉我们很多关于足球的规则，并用大声地喊叫告诉我们足球运动中所需要的一种拼搏精神。

　　就读平阳师范的时候，由于学校依山而建，没有场地，我们只能在篮球场上继续着我们的足球生涯。有时候因为用力过度，足球会飞越防护网直接掉到健身房的屋顶上或是围墙外的溪沟里，不免要攀高或是到阴暗的溪沟里探索一番才能找到足球。条件简陋，但并不妨碍我们对足球的热情。

　　分配工作之后，我去了乡村小学教书。学校里没有正规的操场，只有一个呈"七字形"的小场地，中间是一个篮球场，地面坑坑洼洼。打篮球运球的时候要是一不小心球碰到了地上的小石子，篮球就会做不规则运动。在我来这个乡村小学之前，这里的孩子不知道足球是怎么回事，也不懂得踢球。闲来无事，我就会带上足球在小操场上过过球瘾。

看着老师放学后在操场上耍球，孩子们很是好奇，纷纷加入。于是，我带领这帮孩子组建了这个乡村小学的第一支球队。由于没有正规的场地，我只能以坑坑洼洼的篮球场为主要场地做一个半场，课余时间教孩子们踢球。

学校旁边有一座庙，和学校只隔一道墙。我找来颜料在墙壁上画了个球门，两头各插上一根木棍，至于横梁就免了。放学后，校园里经常会出现以下场景：铃声一响，男生们呼啦啦地抱着足球从教室里疯跑出来直奔操场，把书包往庙的后门一摆，开始在泥地里踢球，射门的时候对着那面墙使劲踢。如此大不敬，不知道围墙外的菩萨会不会怪罪下来。

"踢野球"是孩子们最快乐的事情，每个孩子的脸上都洋溢着纯真的笑容，挥洒着童年的汗水与朝气。追着足球疯狂奔跑，你一脚我一腿的，多么美好的童年状态。遗憾的是，现在的校园里再也难看到孩子们疯狂"踢野球"的场景，因为他们要做很多的作业，上很多的辅导班，没有时间"踢野球"。

由于孩子们不懂足球的基本技术，一开始踢球的时候毫无技术和战术可言，混乱程度无法言语。球在哪里，人就一窝蜂地往哪里跑，足球附近全是小孩的腿。我技术比他们好，就可以带球逗他们玩儿，可是发现基本没有用，学生人数多，一堆人追着我踢，累死人。

慢慢的，孩子们懂得了一些基本的足球技术，也懂得了如何配合跑位，被足球的魅力深深吸引。只要有空，我就会换上球鞋和他们一起玩，我没空他们就自己玩。足球成了营造良好师生关系的纽带和载体，我和孩子们的感情就这样在踢球过程中建立起来了。放学的时候，只要天气还好，学生们就会问："老师下午踢球吗？"只要得到我肯定的回答，他们就欢呼雀跃地奔向庙的后门，分好两队开始比赛，一踢就是一个多小时。踢完之后，孩子们把衣服挂在小脑袋上，抱着足球背着书包心满意足地回家去。

有时候天气不好，我们也会踢球。一次放学后，没踢一小会儿，天就开始下雨了，但是我们并没有停下来，而是在蒙蒙细雨中继续我们的快乐。雨越下越大，操场一片泥泞，你一脚我一脚，泥水四溅，但我和孩子们的兴致更高了，全然没有感觉到天在下大雨。好多孩子汗水带着雨水，用溅满黄水的手抹一把脸，继续踢。摔倒，爬起，浑身泥水，继续奔跑，我第一次发现足球给予孩子们的力量和坚持品质的塑造。

这既是足球运动的魅力，也是足球运动带给教育的力量。一个孩子的成长中有多少次是伴随着汗水、雨水、泥水的经历？我相信这应该是每个孩子的成长过程必须要经历的一个场景。

现在的孩子几乎都是成长在"无菌化"设计的校园里，但是他们总有一天要离开这个"温箱"，走向社会。缺少了一把汗水、一把泥水的校园体验，将会怎样？孩子们缺少的，又仅仅是这些吗？

足球也是我和班上那些特别的学生交流的一个绝佳载体。有的男生不好教，脾气坏，但是我发现在运动场上和他们一起踢球的时候，他们一点都不坏。通过足球，我们能建立很好的师生互信，而且这种通过足球建立起来的良好师生互信，会对这个孩子其他方面的发展产生良好的影响。

我的班里曾有个孩子叫小造，家族有习武的传统，孩子本人的脾气很暴躁，经常和同学发生矛盾，而且打架还是一招一式，专挑关键部位进攻。小造同学经常不做作业，平时对老师的要求也基本上不听。就是这样的一个孩子，自从和我一起踢球之后，像变了一个人似的，总是在关键性的比赛中进球。渐渐的，孩子们都很佩服他，这让他得到了尊严感和存在感。最重要的是，他懂得了要和队友建立良好的配合关系。通过"踢野球"，这让我们建立了良好的信任感，这样的信任感很好地传递到他的其他方面，慢慢地他就开始转变。

有时候，要改变一个孩子，不能只从分数或是学习态度本身着手，培养他着迷于一项有益的爱好，就是一种不错的方式。那时候我就成功带领很多男生喜欢上足球，让大家充分感受到了踢球的乐趣、冲撞的力量、进球的快感、默契的配合、规则的尊重，教育就这样在球场上那么自然地发生了。

如果教师面对一个孩子感到无助或是无计可施，不妨换一个地方，换一种环境，换一种方式，教育的效果也许大不同。

那时候，我和孩子们经常会相约在周末举行一场正规的足球比赛，这成了孩子们非常期待的事。印象比较深的，是有一次周末，约好了两个队要比一比，可是周六上午醒来后发现天空中飘着小雨。我心想孩子们应该不会来吧！结果八点不到就有孩子来到了学校，到了八点半几乎都来了，比赛就这样在雨中开始了。

雨越下越大，我们的比赛简直就是水战，风雨中的快速跑动、配合、跌倒、站起、呐喊、进球、欢呼，踢完比赛大家全身湿透，沾满泥巴。然后，我请所有的孩子吃冰棒，大家坐在走廊的楼梯上，那场面感觉真好！可惜当时没有相机留下那个美妙的瞬间。我周围的同事很不理解我的做法，他们甚至觉得我的脑子好像有点儿问题，下那么大雨还吆喝了一帮学生过来踢球，在这样泥泞的操场上如此疯狂，把所有人都弄得湿漉漉的，全是泥水，简直是吃饱了撑的。

然而，在我看来，雨中的足球赛，老师放下了所谓的师道尊严，跟孩子们一起玩，一起疯狂，一起闹腾，一起战斗，很快就会获得孩子们的认可与回应。我和学生相互接纳，他们就发现老师其实跟学生是一样的，没啥区别，就比他们高一点，比他们大几岁，大家亦师亦友，可以一起学习，也可以一起疯狂。老师其实就是个平常人，一个很好玩的大小孩。比赛中，老师也可以耍赖，学生也可以耍赖，互相可以说点儿什么，他们就会感觉到平等。

师生关系平等了，真教育就能自然地发生！

我们现在的教育，更多的只是局限在课堂教学，局限在学校，没有把教育延伸到跟孩子们一起运动、一起探险、一起参加各种各样的户外活动。这样的课堂和教育理解是非常局限的。在田径场、体育馆、游泳馆，能不能跟孩子们一起动起来、一起玩起来？要知道，那里是另外一个重要的教育场所，也是孩子们自由成长的场所，更是良好的师生互信关系形成的重要场所。

很多年来，我一直努力带领儿童离开他们的课桌，离开教室，甚至离开学校！

只有老师试着把自己调整到儿童的高度，以儿童的方式跟孩子们一起玩耍，才能呈现儿童喜欢的教育。恰恰现在有些老师喜欢正襟危坐，道貌岸然，讲着一堆言不由衷的大道理，拿出所谓的师道尊严，动不动就跟学生说这道题做错了，那件事情又做错了，老师变得毫无亲近感。而这种亲近感有时候就是在运动场上用身体跟身体的接触和冲撞形成并建立起来的。

后来到了城镇学校，我所带班级的那支足球队，拿到了全校足球比赛的冠军。学校给我们奖励了一个足球，我让全班学生在上面签字，签好之后放在教室荣誉墙的顶上，每个人看着这个足球都觉得非常自豪。

能跟孩子们在一起玩儿是一件多么有意思的事情！当教师要有一个理念——能和孩子们玩到一块儿才是我们的天职，要努力找到这种感觉。值得庆幸的是，我很早就找到了这种感觉。现在很多老师除了在教室里和孩子们有接触，太缺少户外和学生在一起的经历。有老师说："现在都是独生子女，谁也不能碰到谁，就连孩子的天性——会打架，都给抹灭掉了。"

身体都不能碰撞，怎么培养孩子的力量和勇气？

我一直认为，体育和艺术是塑造一个人美好情感和个性品质的重要方式和路径之一，对人的正向熏陶作用远胜那些所谓的知识与高分。它让一个人懂得欣赏美，充满艺术的气息，拥有健康而强壮的体魄，它的影响指向人的终身发展。

六、使劲哭吧！

也许我们经常以爱和负责任的名义做着"祸害"甚至"谋杀"学生的事情。有时候老师越是负责任，结果往往越糟糕！

当了二十多年的老师，我教过的那些孩子的面孔，就像一张张照片似的印在我的记忆中。假使很多年之后，他们站到我面前，我相信自己基本上还能叫出他们的名字。我相信每一个孩子都能成就奇迹，这些奇迹中有一些就是曾经让我大伤脑筋的小家伙创造的。我特别想分享一个叫小印的孩子的故事。

之所以对小印印象深刻，是因为这小子每天打架，让我伤透脑筋。他一天少则打架两三次，最多的一天居然打了十来次。不管是他主动挑起"战争"还是被动接受"战争"，反正他每次打架的结果基本一致——以失败告终。尽管这样，他还是喜欢打架。教他的时候，我刚毕业参加工作不久，他给我带来的挑战巨大不已，让我烦恼不断。

当我逐步成长为一个具有一定教学经验的老师之后，反思曾经教育过的每一个学生，从科学的角度去分析这个孩子，其实他有明显的交往障碍或交往恐惧之类的心理问题。遗憾的是，当时我和其他老师更多的是从道德或是家教的角度来看待这个孩子，我们一致认为小印同学的道德品质有问题。

如果从医学的角度看，他的表现和他的那些怪异行为是很正常的反应。在他的世界里，别人一个很正常的举动，都会被他认为是对自己的一种侵犯，所以他就会用一种很极端的方式来表达他的愤怒与抗议。有一次，为了报复一个同学，他把打死的小蛇装在同学的文具盒里。最不可思议的一次，是他和同学起争执后，居然把裤子一脱，用屁股朝着对方发泄不满。

小印几乎不做作业，上课经常游离，甚至在教室里走来走去，他的学习成绩也不怎么理想，我经常要帮他辅导或是让他补做作业。

由于回家没有好好完成作业，听写的时候他总有一堆的生字词不会写，词语方面经常不过关。于是，我决定放学后把他留下来补听写。记忆中第一次留下他的时候，他还挺配合，经过一个多小时的努力马马虎虎过关。当我第二次留下他的时候，他就表现得很不愿意，磨磨蹭蹭半天不到我的办公室来。

因为听写不过关，我第三次留下他，只见他来到了我的办公室，把书包端端正正放在我的办公桌上，慢慢地站到我面前，张大嘴巴就开始低声哭泣。我一开始觉得挺奇怪，断定他又打架了，可是他摇头否认因为打架而哭。慢慢的，他的哭声越来越洪亮，一直发展到号啕大哭，声音响彻校园。

我那时候刚教书，几乎没有任何经验，问他到底为什么哭他也不说，后来我实在受不了他震天响的哭声，一怒之下就对他说："回家！回家！赶快回家！"就这样，他背上书包，伴随着略小的哭声离开了我的办公室。

过了一个星期，我让几个作业完成得不太好的学生到办公室补做作业。第一次也挺好的，孩子们都挺配合，完成的质量也不错。可是当我之后宣布又有三个孩子需要到办公室补做作业时，让人非常惊讶的事情发生了。

放学了，那三个孩子来到我的办公室，一进来都是低着头、拉着脸、一声不吭，我布置了具体的任务就离开了。不一小会儿，我回到办公室，发现一个学生正在低声抽泣，慢慢的，其他两个像被传染了似的也开始哭。咦！怎么会三个学生都一起哭呢？渐渐的，哭声越来越大。

我就纳闷了，这是唱的哪一出啊？可他们这阵势真是让人受不了，于是我改变策略，对他们说："那今天就不用留下来了，回家自己补上吧！"三个孩子开始整理书包准备回家。这时候我突然灵机一动，让其中的一个孩子留下。待其他两个孩子走后，我耐心地和他交流。我问："你们三个是不是商量好了？"开始时他选择沉默，后来又点头表示认可。"你们串通好了一起哭？"他一听就笑了。我问："你们干吗三个人商量好了一起哭呢？"他的答案让我大为惊讶。

原来，这一招是小印告诉他们逃避补做作业的方法：如果池老师把你们留下来，你就使劲哭，哭得越大声越好，这样池老师受不了了就会让你们回家！

我当时一听那个气啊！小兔崽子，平时天天打架也就算了，上次我网开一面，居然被他认为是有机可乘，还把这样的方法教给同学来逃避补做作业，简直是挑战我的权威啊！第二天我看他到了学校，就把他叫到办公室，生气地问他："是不是你告诉同学，只要大声号哭，老师就会让他们三个回家不用补做作业？"

没想到小印非常爽快地承认了！在气头上的我说："为了表示对你的惩罚，从今天开始，我要天天让你留下来做作业。"一听这样的决定，他这回可是真的大哭起来。但我这次下定决心无论他怎么哭也不管他了，就让他一个人在办公室里待着。第一节课后回到办公室，他安静了很多。我看了看他，满脸的泪痕，像一只花猫似的。他脚穿一双破了小洞的解放鞋，由于贪玩，衣服总是脏兮兮的，两只黑乎乎的小手不停地抓着裤腿。

见他这副样子，我对这个天天打架的孩子有了点儿同情。我说："你是怎么想到把这个办法教给你的同学的？你能把你的真实想法告诉老师吗？"经过一番耐心的交流，这孩子道出了让我意想不到的缘由。

在他很小的时候，他母亲就离开了家。他的父亲长年在山西矿井里打工，是他的爷爷拉扯他长大。他家住在离学校很远的贡后山上，回家要走一个多小时的山路，而且有一段路程还要经过一片茂密的山林。到了傍晚的时候，四周变得黑洞洞的，最要命的是路边还有一片坟地。我每次留下他补做作业到五点多，天就已经快黑了，他几乎是摸着黑回家。经过那片山林和坟地的时候，他的内心充满了恐惧，那几次几乎是没命地狂奔经过那个地方，而且回到家里他还要负责做晚饭，因为爷爷有时候要在地里干活到很晚。

原来，他不是因为不喜欢留下来补听写或是不想做作业才大哭的，关键的原因是他对摸黑走那片林子和经过坟地的巨大恐惧。而作为老师的我，居然想当然地认为他就是因为不喜欢做作业才大哭。

我把他送回教室，内心充满愧疚。在这之前，我没有试着走近他，也没有试着理解他的生活和他的世界，我看到的总是他捣蛋、打架，上课不好好听，课后不能好好完成作业，因此我始终觉得他是一个坏孩子，一个不受人欢迎的孩子，一开始就给他贴上了"坏孩子"的标签。

这样一个所谓"坏孩子"的背后，暗藏着他内心的辛酸与生活的困顿。这些，本不应该由一个孩子来承受，但是农村的孩子只能接受。最糟糕的是，我没有及时发现，我坚信这是一个老师不称职的表现。

庆幸的是，我最终发现了他的故事，也意识到了自己的不称职。

关于"好心"，我们最经常听到的一句话是："老师还不是为了你好？"是不是所有的孩子都需要无条件地接受这所谓的"好心"呢？我们是不是会以为了学生"好"的名义，做着让学生很"痛苦"的事情呢？

也许我们经常以爱和负责任的名义做着"祸害"甚至"谋杀"学生的事情。老师不能真正懂得学生，不能以孩子可以接受的方式，反而一味让他们去做我们成人期待的事情或是成为成人期待的那个样子，这对孩子来说是非常不公平的。

如果老师的眼里没有儿童，有时候老师越是负责任，结果往往越糟糕！

从理论上讲，我把学生留下来补课，应该算是所谓"师德高尚"的一种表现。但是反映在小印身上，其实是做了一件很糟糕的事情。因为我自以为是地认为孩子们就需要补课，且不关注他们的具体情况，也没有注意方式方法，这是典型的"好心办坏事"。

当老师仅仅有所谓的"爱心"是远远不够的，我们还要了解孩子是否有接受所谓爱心的必要性以及接受的方式，他们是不是需要接受这样的"爱心"？有什么更好的方式让孩子们去接受老师所谓的"爱"？我们千万不要以所谓"爱心"的名义，给予儿童他们并不需要或者不一定能接受的教育。如何让老师的"爱"变得更让孩子们乐意接受？我们不能简单地以"我爱你"的名义，以对学生有所期待的名义，做一些让学生觉得很难接受的事情。

爱孩子真的是需要方法的！爱是对教师的道德要求，同时也需要爱的能力作为支撑。因为我们早已过了那种只是以"爱和无私奉献的名义"来做教育的"保姆式教师"时代。

爱孩子肯定是没有错的，帮助孩子也没有错，关心他们更没有错。但是作为老师的我们有没有问过学生，他们需要一种怎样的关心呢？需要以怎样的方式来关心他们呢？这里面有很多教育艺术性的体现。所以，后来当小印常常打架或是招惹很多事情的时候，我尽量给予最大限度的耐心教育和容忍。

他其实是一个孤独的生活受害者，那些苦难对幼小的他来说，太沉重了！

后来我慢慢知道，有类似于小印这样家庭经历的孩子，往往都会有一些让常人很难理解的行为表现。有的胆小怕事，内向冷漠；有的自我封闭，厌世妒忌；有的蛮横、任性、好斗、敏感、冲动，或是有其他的一些不良行为习惯，等等。而老师和同学往往因为不了解具体的情况，会把这些孩子的行为表现简单甚至粗暴地上升到道德层面，认为这些孩子缺少教养，道德品质差。当我们戴上这样的"道德眼镜"看孩子的时候，教育注定还没有开始就已经失败了。

孩子就是孩子，他们的很多行为方式就是一个成长中的孩子的正常表现，没有必要也不能把一个孩子的这些行为表现按照成人的视角要求上升到道德层面。

很多年之后，我帮助平阳县鳌江小学的邵老师设计参加省优质课评比的《赞美的力量》一课，我们想：有没有办法在课堂中就见证赞美的力量？一个长期得不到赞美的孩子，当他持续接收到来自同学和老师的赞美时，他会感受到赞美的力量吗？

随着教学设计思考的深入，我们有了一个共同发现：凡是在班级里从来没有得到过同伴和老师赞美的孩子，其背后都有着一些鲜为人知的故事。当同学们了解了这些故事，都会对这个孩子有非常意外的感觉，随后会由衷地送去真诚的赞美。而这个孩子在得到大家的赞美之后，就有可能变得自信开朗，也会变得更积极主动。

省里的比赛在浙江嘉兴海宁举行，前一天我们通过和授课班级的班主任沟通，发现班里有一个名叫小筠的孩子非常特别，他就像空气一样生活在同学中，很少有人注意到他。我们走访了他的家庭。那是一个不幸的家庭，母亲卧病在床，父亲下岗，仅仅四年级的他用弱小的肩膀撑起了半个家。每天放学回到家，他不但要打扫卫生，还要洗衣、做饭、照顾母亲。在他的身上，我们看到了孝顺、勤劳、善良、懂事的好品质，非常不易。

然而，这样一个因为家庭原因而变得自卑、自闭、孤僻，甚至行为有些怪异的孩子，却很少有同学知道他的不易与辛酸。在征得他本人的同意后，我们准备在第二天的课堂教学中展示他的故事以及他在家里所做的那些事情。

在第二天的课上，全体学生和听课老师共同见证了"赞美的力量"。课堂伊始，邵老师先问学生："你们得到过赞美吗？因为什么事情而得到赞美？"接着老师问："班级里哪些同学得到的赞美很多？"

结果都是一样，班干部和学习成绩好的学生都是得到很多赞美的孩子。接着，邵老师默默地请出了小筠同学，问学生："你们赞美过他吗？"全班学生一下子就沉默了，可见这个孩子在班级里是一个不被关注的对象。

老师问："为什么你们不赞美他？"

　　孩子们继续安静，接着慢慢有孩子开始历数他的诸多不是：脾气坏、脏兮兮的、成绩差、不和大家一起玩、不文明……

　　听课的老师都看到，这位男生站在老师身边那一脸麻木的表情，头也慢慢低了下去。这时候，邵老师开始娓娓道来：孩子们，其实你们不懂小筠，昨天我去他家了……镜头开始播放在他家拍下的场景——一个懂事、孝顺、善良、勤劳的孩子就这样展现在镜头下，接着邵老师动情地讲述了关于小筠的故事。

　　孩子们静静地听完小筠的故事，课堂陷入了久久的静默。邵老师问："你们还觉得小筠不值得赞美吗？"

　　孩子们的心灵在小筠那鲜为人知的动人故事中受到了很大的触动，很多孩子忽然醒悟过来，发现自己是多么不应该。好多孩子含着眼泪上台分享自己的感受，为自己对小筠的误解表示深深的歉意，期望得到他的谅解，并由衷地赞美了懂事、善良、勤劳、孝顺、自立、有担当的小筠。

　　在同学们动情的赞美声中，他们和小筠握手或是拥抱。在场的老师都非常感动，因为他们都看到小筠低下的小脑袋慢慢扬起，紧缩的眉头也舒展开了，久违的灿烂笑容开始爬上这个孩子的脸庞，在一片赞美声中，自信与开朗开始写在他的脸上。

　　最后邵老师采访了小筠同学。得到这么多的赞美，他非常感动，不停地说着："谢谢大家，谢谢大家，谢谢大家……"

　　从小印到小筠，每一个这样的孩子，每一个被我们忽视和误解的对象，我们究竟该如何读懂他们？如何走进他们内心去倾听他们的故事？如何让他们拥有一个健康、快乐、自信、有尊严的童年？这是我们的使命所在。

　　只要我们用心试着走进他们的世界，用教育的温度去倾听，一切美好的改变都有可能开始。

七、背影

　　不知道是因为什么，就在看到他背影的那一刻，我马上改变了原来的决定——让他参加比赛。当我做出这个决定的时候，突然间觉得自己很坦然了。

　　2013 年，北京的"新学校论坛"上，一个校长提出要打造"平等的校园"。言外之意，当下有些学校还是缺少对公平的关注，缺少平等的校园关系。

　　对于这点我是认同的，校园中最重要的几种关系：生生关系、师师关系、师生关系，是否都做到平等了？营造一个有利于儿童成长、教师发展的软环境，平等是最基本的前提。没有公正、平等、尊重，这三种关系将会恶化，并最终导致学校"恶"的一面滋长。

　　教师面对每一个学生，应该要有最基本的公平意识。

　　作为一个班主任，我最重要也是最基本的工作原则之一，就是给班级里的每一个孩子一个公平的机会，让他们过有尊严感的校园生活。

　　教师是否有公正公平的职业心态，很大程度上会影响班级平等互助氛围的形成。我一直觉得，那些心存不公之心，尤其心存功利之心的教师一定不是好教师。

　　当老师面对成绩参差不齐、家庭背景各不相同的孩子，开始有形无形地区别对待时，他们的偏心逃不过孩子的双眼。我们的孩子一旦知道老师区别对待不同的孩子的时候，在他们的心里无形中就种下了歧视与势利的种子。

不能够比较公平地对待每一个不同的孩子，或者对部分特殊孩子存有偏见，教育效果必将大打折扣，老师在孩子心目中也必将丧失信任感和亲近感。秉持坚定的公平原则，是老师不断接受挑战与自我修炼之后形成的职业素养。感谢我的那些孩子，让我在初为人师的时候就深刻体会到公平对待每一个孩子是职业底线，是基本操守。

在我工作的第二年，学校要以班级为单位举办广播操比赛，我和学生都非常重视这次比赛，倾注了很多心血。

那段时间，我们每天辛苦训练。早上出操是最严格的实战演习，从出操到完成整套广播操，孩子们都一丝不苟。每天下午放学后，我都会花上一个小时的时间，从每一个细节抠孩子们做操的每一个动作要领，严格到双手抬起的幅度、头向上仰起的角度、脚抬起的幅度，都要呈一条直线。所有的动作我都要求孩子们按照标准动作执行，对那些动作要领掌握比较慢的孩子，我就把他们单独留下来进行针对性训练。

最难的是出场时的队列，要求全体学生在行进中横排、竖排都走成直线。对于四年级的孩子来说，这要求太苛刻了。即便我们反复练习无数遍，孩子们还是不能保证走得笔直。

为了解决这个问题，我拿来一根长竹竿。队伍进场的时候，学生的腿抬起来，我用竹竿横过去，所有孩子腿伸出来的幅度和高度都要求一致。为了达到训练效果，我还通知全体学生周六到学校参加训练。在飘着小雨的校园，孩子们挥洒着奋斗的汗水。

经过这样严格的训练，全班学生从出操到做操的每一个细节可谓整齐划一、动作到位、精神饱满、充满美感。

美中不足的是，班里有一个孩子的动作总是达不到满意的效果，尽管他已经非常努力了。原因是这个孩子长得胖，为此大家都叫他小胖。因为太胖了，动作总是变形。一个简单的动作，其他同学很快就能掌握，而他经过反复练习还是不能掌握要领，做不到位，尽管他比别人付出了更多的努力。因为胖，他的双手举起来时总是弯曲的，不能给人笔挺的感觉，双腿抬起困难重重。特别是到了后面几节操，体力下降，动作常会严重变形。

当其他学生做得越来越标准的时候，他在人群中"鹤立鸡群"之感也越发明显。随着比赛日子的临近，有一个想法不停地在我脑海里闪现，到底要不要带上这个孩子去比赛？原因不言而喻，如果他不出现在整个队伍中，这将是一个多么优秀的团队啊，整齐划一、动作标准、无可挑剔。

我也试过有他在和没有他在的不同效果，一目了然。当他出现在队伍中的时候，出操就出了问题，其他人都做得很整齐，就他一个人走不好队形，在人群之中，说有多显眼就有多显眼。

到底要不要带上这个孩子去比赛？这个问题困扰了我好几天。让他去与不让他去这两种声音在我的心里不停地出现，犹豫了很久，年轻好胜的我在想法上慢慢偏向了功利。于是，我就找他谈话，耐心地告诉他为了整个班级的荣誉，为了集体的利益，最好还是找个借口请假不要参加比赛，希望他能理解。

出乎我意料的是，他居然没有一句反对的话语，什么都没说，只是默默地低着头。不知道为什么，看到他低头的样子，我开始有点儿难过，后悔做出这样的决定。看着他离开的背影，我内心很纠结，不知道自己是不是做了一件非常糟糕的事情。

其实，他有参加比赛的权利，因为他是这个班级的一员，况且他已经付出了艰辛的努力。可是，他的权利就这样被"以集体利益为重"这个冠冕堂皇的理由给剥夺了，最糟糕的是在这块道德遮羞布面前，他还没有反驳的理由。

我们曾经做过多少借"以集体利益为重"的名义，剥夺个体利益与权益的事情啊！

比赛前一天，我向全班学生说明有关比赛服装上的要求，让他们统一穿上白色的短袖、袜子和运动鞋过来。

第二天一早，我走进教室，看着每一个孩子对比赛充满期待的眼神，也看到了被我剥夺了比赛权利的小胖同学。

他的一身装扮着实让我吃惊！一身的白色装扮，白色的运动短袖、袜子和运动鞋。站在教室里，看着他这身打扮，我的心里七上八下的。

出发的时间到了，我让全班学生到操场集合。孩子们陆续来到操场，班长整理好队伍，我没有看到他的身影。

我回办公室收拾物品，走过教室，只见他一个人坐在空荡荡的教室里，整齐的课桌，孤独的背影。不知道是因为什么，就在看到他背影的那一刻，我马上改变了原来的决定——让他参加比赛。当我做出这个决定的时候，突然间觉得自己很坦然了，就是得不到第一名，那又怎么样？

我走进教室，来到他的身边，说："来，跟我走吧！"他一脸茫然，好像不太明白是怎么回事。

我清楚地告诉他，我们等着你去比赛。他很意外，仰着小脑袋兴奋地望着我笑。我带着他来到了操场上，孩子们也挺意外，因为大家都知道他不参加比赛了。

我对孩子们说："经过再三思量，老师还是准备带上小胖同学去参加比赛，他是我们班的一员。希望大家能齐心协力，争取好成绩！"

轮到我们班出场了，大家一下子就看到了"鹤立鸡群"的小胖，他憨态可掬，看起来挺紧张的样子，很努力地表现自己，做操的动作不太符合要求，引来了很多观众的爆笑。

但是我内心平静，之前的急躁感好像都没有了。

比赛结果出来了，我们得了全校第二名。成绩应该说很不错，虽然没有达到争全校第一的目标，但我和孩子们内心很坦然。我们曾经用心参与，努力拼搏过，结果已经不再重要。对于我来说，最大的收获是最后时刻带上了本来就应该带上的孩子。我不后悔，既然已经带上他，结果就无所谓了，我彻底把这个问题想通了。难得的是，我们班的孩子也丝毫不介意他带给大家的"美中不足"。我想，关键时刻，每个孩子都感受到了什么叫作集体与公平。

很多人都会觉得名次很重要。就像现在的公开课，教师尽量会挑在他们眼里比较好的部分学生去参加，而排除一些成绩不好或是课堂上会捣乱的学生一样。

一个教师要让自己内心平和，试着看淡那些看似很重要的成绩，学会放下。

教育不能有功利思维。给每一个孩子公平的机会，比所谓的成绩更重要。其实我知道，小胖同学还是很想参加这样的比赛，他和全体同学一样付出了很多，从某种意义上讲，他付出更多，而我差点剥夺了他参赛的权利。

值得庆幸的是，我走过教室的门口，看到了教室里那孤独的身影。这一幕直入我的心灵，我用了一秒钟不到的时间就推翻了之前所有的决定。

给每一个孩子公平的机会，建立起这样的教育信念需要一个过程，需要我们经历教育情感的纠结与放下。走过教室门口看到小胖一个人坐在教室里，这样的场景成为我个人专业发展经历中一个很重要的场景。

我相信每个教师的一生都经历过这样的场景，而那些成长经历中的经典场景，会成为我们成长的关键性场景。我们需要经常铭记并回忆这样的场景带给我们的教育与警示，让每个场景如同电影胶片似的，时常回放在我们的教育回忆之中。

当一个一个教育场景串联起来，教师将以最平凡、最温暖的形象站立在儿童中间。

纳木错湖畔，遥望念青唐古拉山

八、惩罚

　　教师最可怕的状态是对学生麻木不仁、小题大做、上纲上线，并且把批评、处罚学生当作教育生活的常态。我一直觉得，气急败坏地惩罚学生，是教师无能的表现，也是教师修养不够的表现。

　　教师的成长是由一个一个平凡而动人的教育场景组成的。在这些场景里有温暖热情的，也有严厉惩罚的。对学生的处罚，一定是一个教师成长过程中必不可少的体验内容之一。

　　我相信，所有的教师都曾经惩罚过学生，因为任何一个孩子的成长一定伴随着错误，因此恰当的处罚是必需的。问题的关键是，对待处罚的态度和处罚的具体方式将决定处罚的效果。刚刚开始教书的时候，我不太懂得如何科学而艺术地处罚学生。因为年轻气盛、脾气暴躁，我曾采取过比较激烈的处罚方式，也对学生造成了一些伤害，为此我深感内疚和后悔。

　　面对学生的错误，我曾经用过的最严厉的处罚手段就是罚跑步，一般罚他们绕操场跑五圈。处罚学生跑步有好处，附加值是锻炼身体，培养耐力和毅力。

　　罚学生跑步，没有特殊情况我会跟他们一起跑。为什么要和他们一起跑？就是让他们觉得，自己有了过错，害得老师也得受罚，学生看着老师一起受罚，当然会有一种愧疚感，以此激发他们改正的内心动力。

　　当然，处罚不是看心情，兴致一来信口开河。处罚是要有依据的，根据共同的约定来定或是由学生自由选择。处罚也不是目的，最重要的是通过科学艺术的处罚，让学生经历一个对错误的思考过程，并从这个过程中得到启发，从而清楚地知道自己该如何面对错误。因此，处罚孩子不能简单、粗暴，缺乏理智。现在有少部分教师面对学生的错误使用简单、粗暴的处罚方式，由此引发悲剧性后果的事情常常遭到曝光，其中不乏优秀教师。

我记忆中最深刻的一次处罚学生的经历，和一个叫小浩的孩子有关。这个孩子那时在我们学校寄宿部就读，平时喜欢恶作剧。有一次他趁同学午休睡觉的时候，拿剪刀把同学的头发剪了。

我怒气冲冲地把他叫到办公室，还没开始教育，他就承认这事儿是他干的，还若无其事地说："不就剪了他的头发嘛，有什么了不起的？我不剪理发师也会剪的。"一副桀骜不驯的样子。

毫无悔改之意的他，彻底把我给惹恼了。结果他还顶嘴，气得我暴跳如雷。桌上的杯子成了我的出气筒，我直接把自己的杯子从窗户扔下去，扔到了一楼的花坛里。然后我走到他的跟前，直接把他拽到墙根，让他好好站着，恨不得直接就揍他一巴掌，万幸我还是控制住了，只是用指头戳着他的头严厉地教训了他。

一阵稀里哗啦地痛骂之后，我慢慢冷静下来。看到他终于屈服的样子，强烈的后悔之意涌上心头：唉，我是不是太过了？

整个下午，我心神不定，忐忑不安。越想越觉得自己这件事情处理得太急躁，很不应该。那天晚上晚自习下课后，我来到了他的寝室，他正准备躺下。我轻声地对他说："起来吧，跟我走。"

他满脸疑惑地看着我说："干什么，老师？"我说："跟我走，把衣服穿起来吧。"他迟疑了片刻，穿上了衣服，跟着我出了校门。

我叫了一辆出租车，载着我们俩去了公园。公园里面有游乐场，我问他要玩什么项目，他点了碰碰车。我买了票，两个人在里面开碰碰车，互相冲撞。开完之后，我问他要不要再玩一局，他看起来挺开心，同意再玩一次。我就又买了两张票，又玩了一局。

接着，我们还选择了一些其他的项目。大约过了一个多小时后，我们坐在游乐场的门口。我买了两听可乐，一人一听，两个人什么话都没讲，他喝他的，我喝我的。喝完之后，坐车回去睡觉。

一路几乎没有对话，就快走到校门口的时候，他问我："池老师，你为什么带我出来玩碰碰车？"

我说："不为什么，回去好好睡觉吧！"

我送他进房间睡觉。第二天，那孩子很正常。我带着被剪了头发的孩子去理了一个新发型，也没再追究小浩这个始作俑者，事情就这样过去了。

奇怪的是，后来小浩慢慢开始改变了。

那天晚上为什么把他带出去玩碰碰车？其实就是我觉得自己处罚孩子的方式不对，随之做出反思与补救。我觉得自己伤害了这个孩子，必须得用一种方式表示一下我对他的歉意，而我不想把这种歉意说出来，更不想道德说教，所以只是带着他去公园里玩了一个多小时。

这个孩子毕业之后，我就一直没有再见过他，我也不知道他是否还记得这件事情。但是我却清楚地记得，当我凶巴巴地骂完他之后，内心充满了愧疚，而不是生气。

关于对学生的处罚，我还想起了另外一件事情。

在一个寒冷的冬夜，我接到了一个电话，让我去一趟我们当地的一所重点高中，说是一个叫王凡（化名）的学生要见我。接完电话我很是意外，王凡小学时非常优秀，不过毕业之后我就没有见过他，只是听说他以非常优异的成绩考入了我们当地的一所重点中学。

第
三
章
师
·
生

晚上八点多到了学校，老师把我带到了他所在的教室。全班同学都在认真复习，只见他坐在教室的最后一排，手里拿着一张报纸，把一双脚搁在课桌上，正在看报纸，这和整个班级勤奋学习的氛围显得如此不协调。

老师喊他到教室门口，这是毕业四年后我第一次见到他。高高的个子，长得挺壮实，让我惊讶的是他只穿了一件校服，里面居然就没有穿汗衫，拉链半开着，露出雪白的大胸膛。

这就是当年那个充满激情和思辨能力的王凡吗？

带他去办公室，简单了解了一些情况，我深感问题麻烦：这个孩子讲义气，脾气暴躁，容易冲动，因为好友受到了欺负就跟隔壁班级同学打架，为了防身还带了一些武器到学校，结果这事情被他的班主任老师知道了。经过教育，他也深刻认识到了自己的错误，只是提出一个要求，希望这事情不要让他的家长知道。

他的班主任是一位刚刚参加工作不久的新老师，一开始答应了他的请求，同意帮他隐瞒。可是后来这件事情被他的年段长知道了，年段长严厉批评了班主任的处理方式，马上通知了他的父亲来学校把孩子领回家好好反省。

后来我才知道，学生出了事情，让家长带孩子回家反省一周就是这所重点中学常用的一种处罚方式。

王凡的父亲脾气暴躁，来到学校，直接冲进教室，把正在上课的儿子臭骂了一通，并当着全班同学的面，揍了他一巴掌。这一巴掌揍出了大问题，王凡干脆不回家了！从此，他便开始全面叛逆，完全不听任何人劝告，上课故意跷着腿，看报纸，或是睡觉，以发泄自己的不满，老师拿他一点儿办法都没有。

一次简单粗暴的处罚，带来了一堆教育问题。

王凡觉得自己被出卖了，最不可原谅的有两件事情：一是老师并没有遵守他们的共同约定，把事情告知了年段长和家长；二是父亲在全班同学面前揍了他一巴掌，让他这样一个硬汉颜面扫地，尊严全无。

事后，王凡的表现让他父亲很是头疼，学校也是无计可施。后来学校领导和他父亲找他谈话，谈到最后说："如果你认为需要找一个信得过的人跟你谈，你想找谁？"他想了一会告诉老师："把我小学班主任池老师叫来。"

在办公室里，我们很坦诚地聊了两个小时，他把所有的事情和想法都跟我讲了。

最后我直接告诉他，他必须得思考两个问题："第一，今天晚上我来了，首先我很感谢你信任我。既然你信任我，我说的一些话你就必须得听，你必须面对自己的未来，目前你的状态对你没有半点好处。第二，我建议你有两个选择：调整一下自己的状态，在这儿待下去；如果不愿意待在这，你告诉我，我和你父亲帮你物色学校转学。两天之后，告诉我关于这两个问题的答案。"

两天后我去找他，他说："老师我不想待在这里了，你能不能帮我转学？"我和他父亲商量后，答应帮他联系转学到 W 市的另一所中学。

转到新的学校，读了半年，状态还不错，但后半年他又不想读书了。后来，我又跟他谈了一次，让他想清楚，做一个选择："要么认真念书，要么早点离开学校做生意，你必须很清楚地知道自己想要什么。"

他思考的结果是选择做生意。就这样，他进入了商海，很能吃苦，现在在深圳开了两家手机专卖店，做得挺不错。当其他同学开始念大学的时候，他已经是小老板了。

一个孩子最后以这样的方式早早结束了校园生涯，很令人遗憾。在整个事件的过程中，我们可以明显看出，学校对这个孩子的处罚缺乏教育智慧，缺少人文关怀，对此学校是有责任的。

话说，王凡毕业四年了，他为什么依然会信任我？

这让我想起了他在我班里时发生的一件事情。有一次，他冲动之下拿石头把学校的玻璃砸破了，学校政教处主任找我去商量如何处理。通过了解，我知道他不是有意而为，只是一个意外，没有必要上纲上线。问题的关键是，他的行为具有一定的危险性，这才是需要教育的。

他很担心这件事情让他的父亲知道，因为那就意味着一顿暴揍，他非常害怕。

于是，我请求政教处把这件事情全权交给我处理，在他充分认识到自己的危险行为之后，我对他说："你已经认识到自己行为的危险性，老师替你兜了这一回，帮你买来玻璃装上。如果还有下次，我就不保证能帮着你了。这次，我可以保证不跟你爸爸讲。"

后来，他父亲从别人口中知道了这件事情，打电话问我："我儿子是不是把学校的玻璃砸了？"我说："不是的，是不小心丢石头砸了玻璃，是个意外，没有什么大事情。我已经和他好好谈过了，让他注意安全。"

那件事情的处理让他觉得池老师够"男人"，没有"出卖"他。但是这一次，他觉得高中老师把他给出卖了。

教师最可怕的状态是对学生麻木不仁、小题大做、上纲上线，并且把批评、处罚学生当作教育生活的常态。教师也是凡人，都会有无法控制情绪的时候。但是作为教师，当自己回归理性状态的时候，就要开始自我反省，那些行为和言语是不是不当，是不是违背了最基本的教育操守。

不断自省是教师不断成长的重要原因，我们要勇于直面那个充满过错的"我"，表达我们内心的问责。当教师忍不住严厉批评或是处罚学生之后，要有一种什么心态？——要有怜悯之心。我觉得每个人都不喜欢被骂、被处罚，那可不是什么好滋味。

怎么才能保持住我们的问责之心呢？如何展现对学生惩罚的艺术性？我觉得得靠同理心与怜悯之心，试着站在学生的立场思考问题，试着从对方的感受出发做出教育判断：这事情至于大动干戈地惩罚学生吗？有必要吗？严厉的批评和惩罚中要带着深深的同理之心，因为我知道生气就是那一刻的爆发，气完之后更多的是内心的自责与不安。

事后，我总是问自己：能不能更智慧一点？能不能不要总是这么低水平？我一直觉得，气急败坏地惩罚学生，是教师无能的表现，也是教师修养不够的表现。

教师要贴近孩子，还要保持心灵的轻盈、淡定和敏感，才能马上感受到自己的负疚感，并且立即能读懂，读懂了以后就要及时抚平孩子受伤的心灵，抚平的方式还要不着痕迹，一切尽在不言中。

这样看来，处罚学生的最高境界是不是也应该是落雪无痕呢？

九、教与不教

当下学校教育所重视的那些内容，就一定是重要的吗？那些不被重视的内容，就一定是不重要的吗？学校没有教什么，有时候远比教了什么更重要！

我为什么会有如此感慨？

因为，今天我们的学校基本上呈现的是以传授知识和应试为目的的教育，这样的教育把对知识的掌握推行到极致，高效课堂，效率至上，速度至上，却不懂得在基础教育阶段"慢"才是最重要的特征；忽视了基础教育的基础性功能，忽视了基础教育的启蒙与唤醒作用，忽视了学生对知识建构过程的经历，忽视了在这个过程的体验中引领学生形成好奇心、创新力、合作力、沟通力、问题解决力等现代公民素养。

那些所谓的知识永远是一种过去时的结果，而孩子将要走向的是充满未知的未来。没有任何证据可以证明，以考试为目的所教授的那些知识，一定会对孩子走向幸福的未来，对培养具有国际视野的人才有益。

现在学校教育所提供的内容，到底在多大层面上会对孩子的未来产生积极影响？我们现在设计的很多课程，以现在这样的一种方式来呈现，到底会在多大层面上对孩子的未来发展、人格塑造、学习力养成产生正向作用？

然而，很多老师根本不会去想这些问题，他们只知道哪些是考试要考的内容，考试考的就是重要的，考试不考的就是不重要的，管学生未来干什么？想想真是让人忧虑!

我们唯一没有足够重视并教给学生的,是指向学生未来的那些素养与品质。对那些和学生的未来发展与幸福有关的课程,我们思考得很少。

在师范院校所接受的教育,从理论上讲,应该会对我成为一名好教师产生很多积极的影响和作用,但事实并非如此。使我成为一名优秀教师的那些关键性思想、品质、技巧等,很多并不是师范教育教给我的。

我在学校里做的更多的事情是踢足球、画画、练字、玩摇滚。那时候,我很喜欢画画,跟着美术老师去写生,上午买两个面包就在画室里待一天。没事的时候,把教室里的音响开得震天响听摇滚乐,大声地唱崔健、窦唯等我喜欢的歌手的歌曲,泡在图书馆里看各种杂书,溜出去看电影。晚上回到学校,大门已关,我学会了十秒之内爬铁门的独门秘籍。

由于没有花多少时间在学习上,导致补考了几次。

我做着自己喜欢的事情,没有把大量精力用在考高分和拿所谓的奖学金上,而总是处于适合我自己的自由学习的状态,自由地谈论时局观点。

那时候,我还对生物课很感兴趣,倒不是因为上生物课好玩,而是喜欢跟着教生物的郑老师到植物园种花,或是上山抓蝴蝶。郑老师说:"抓一只蝴蝶考试可以抵两分,如果抓住特别漂亮的,可以抵十分!"于是,我们满山找蝴蝶,帮助老师做标本抵分数,以备考试能少考几分。毕业之后我们同学聚在一起的时候,谁抓的蝴蝶多成了我们怀旧的话题。

令人奇怪的是,我们班那些不好好读书,去抓蝴蝶的、画画的、听摇滚的、踢足球的、看电影的家伙,很多都成了出色的教师,教育教学成就和影响力普遍超过那些在校期间成绩很优秀的同学,有几个还成了全省甚至全国具有一定影响力的教师。这样的现象让人深思!我们不免感慨:实践再次证明,各行各业的出色人才和他们在学校时的考试成绩是否优秀没有必然的因果联系!

我们会很郁闷地发现，学校里我们苦心孤诣教给学生的那些自认为很重要的知识，最后其实并不重要，而教育往往会呈现出一种"无心插柳柳成荫"的戏剧性效果。

这让我们不得不思考：我们所谓的重要或不重要，其背后的评判依据是什么？是相对于当下的教育评价机制而言，还是真正指向学生的终身发展需要？除了关注当下，我们是否还要有着眼学生未来的视野和淡定的心？如果时间往后推二十年，这些孩子将如何成长？他们还会怎么评价当年的老师和教育？会不会因为我们今天所做的这些事情而影响他们一生往更美好的方向发展？

我们要努力做一个让学生成人之后仍能时常感念的好老师。

也许教育评价的大环境还没有得到根本改变，但是我相信，改变是一种必然的趋势。教育最终着眼的一定是人的终身发展，是人生的意义认识与生命质量的提升，是人能否更有尊严、更幸福地活着。

我们关注当下，不仅仅只是为了当下，更要站在学生的未来看当下，那是因为我们希望从当下看到学生的未来。教师要经常问自己：很多年之后，我们的学生凭什么依然会怀念我们？我们还要问的是：未来会有多少学生因为我们富有远见的教育而发生积极变化？

正是基于这样的教育理解，我始终站在未来的角度看当下的教育，尽量让教育指向学生未来的发展，不为今天的成功而牺牲未来发展的无限可能。如此坚持二十多年，也收获了来自学生未来的怀念。

我教过一个名叫小哲的孩子，他的父亲是医生，母亲是教师。非常难得的是，小哲的父母会在不同的阶段和我交流关于孩子的一些情况。小哲是一个很有人生格局定位的孩子，我虽然只教过他两年，但是毕业很多年后我们依然保持联系，他会给我打电话交流他的动态、他的选择、他的思考。

初中毕业后，他去了上海读书，大学就读于复旦大学国际关系与公共事务学院，现在就读于美国加州大学圣地亚哥分校国际关系专业。

为什么他会选择国际关系专业？

他说，小学时积极参与了班级首席执行官竞选，关注美国"9·11"恐怖袭击事件、班级建设改革等很多事情，这样的经历对他后来的职业发展定位产生了一定的影响。高中没毕业的时候，他就很清楚要读的是复旦大学国际关系与公共事务学院。小学阶段我们一起关注"9·11"事件的时候，他就有了关注国际关系的浓厚兴趣，想认识和了解国际关系格局。大学期间，他还作为交换生去了我国台湾半年，全程观察台湾大选。

小伟是我在农村教书时的学生，成绩一般。小学时天天和我踢球，建立了很好的师生关系。上了初中和高中，遇到什么困难或是烦心事还会找我聊聊，听听我的意见。工作后，刚开始他替一家公司打工，后来创办了属于自己的园林设计公司，尽管经营遇到了很多的困难，但还是成长得不错。难得的是，他每次遇到问题或是疑惑时都会找我谈谈，我也从他的身上学到了很多很多。成功也好，失败也罢，一杯清茶，一碗薄酒，我们就这样从师生变成了朋友。

感谢我教过的所有学生，感谢他们对我都抱着美好的感情。2014年春节，我教的两届学生有一个聚会，把我和数学老师都请去了，2000届来了三十几个学生，2002届来了二十几个学生。这些学生都已经大学毕业工作了，他们当场考试，让我叫出他们的名字。2000届学生，我准确无误，没有叫错一个学生的名字；2002届学生，我只叫错了一个。学生们都很开心，称池老师好记性，因为有些孩子毕业之后就没有再见过。

学生毕业多年之后，还能很快就喊出他们的名字以及瞬间回忆起关于他们在学校里的那些故事，这是否也是好教师的标准之一？

收获学生的认可与尊重，这更让我坚信现行学校教育中很多人认为重要的东西，不一定真的重要。学校没有教什么，有时候远比教了什么更重要。学校教育应懂得有所为，有所不为。

由此，我们也不难理解，有些看似"不作为"的老师，学生更喜欢，对学生的影响也将更深远。

第四章

阳光灿烂

　　很多家长的回信让我非常感动，他们告诉我自己的孩子在这两个月里所发生的那些转变、那些经历的故事，告诉我自己对家庭教育的那些全新感悟，告诉我这样的假期是一个多么不一样的假期，真的是"在那阳光灿烂的日子里"。

一、我们的教室

> 我们的教室我们来做主，体现的是对学生的信任。当教师有了这种教育判断的时候，学生就会让教师看到一个又一个的奇迹。

从幼儿园到高中，15年求学经历，孩子在学校的大部分时间都是待在教室里，教室文化将会对他们产生重大且潜移默化的影响。因此，如何建设好教室文化，成了学校教育的重大命题。

建设教室文化需要我们有哪些最基本的教育思考？我觉得首先得回答一些最基本的问题：谁是教室真正的主人？谁最有权利把这个空间装点得有特点？这个特点该由谁来定？谁的声音最重要？教室的文化建设仅仅体现在那几十平方米的物理空间之内吗？……

这些问题背后，指向一个核心问题，即基础教育为谁服务？谁是基础教育应该关注的出发点和归宿点？这个问题的答案其实不言自明——学生！

很多教师都知道，学生才是学校教育最应该关注的核心，研究学生也是教育最根本的出发点和落脚点。研究学生，从学生的具体特点和不同发展需要出发，设计有选择性的教育，办学生需要和喜欢的教育，用适合学生的方式呈现，应该是建设教室文化最根本的教育价值判断依据。

但是更多的时候，教师还是会从成人的角度出发布置教室，原因何在？

问题的关键在于，教师没有深刻理解以学生为本，没有把以学生发展为本通过不同的教育实践路径体现出来。学生的教室学生做主，创建一间属于学生自己的教室，就是实现以学生发展为本的路径之一。

缔造属于学生的完美教室，这些年我遵循两个基本原则。

其一为民主原则。

教室里的每一个孩子，都有权利来参与决定把这间教室变成什么样子。因为孩子在学校里的大量时间是在教室里度过，他们才是教室真正的主人，而教师只是教室典型的过客。在教室文化的建设过程中，教师的角色应该只是协助学生，做学生的助手，在他们需要的时候提供必要的支持和帮助。

要体现学生才是教室真正主人的理念，我们需要用一种制度来保障主人的地位不被动摇：教室装扮设计由学生成立研究小组拿出设计方案，教室文化构建由班委会和班主任共同协商完成，教室里若干区域功能的设定广泛征求全体学生的意见，教室里那些需要大家共同遵守的公约交给公约起草小组完成并广泛征求民意，班级的若干岗位设定和工作成效交给学生来决定与评价，教室里的相关事务交给学生研究并形成有效的处理方案，教室里的相关活动方案交给学生共同研究设计。

在孩子们研究、讨论、建议和拟订解决问题方案的过程中，作为教师的我有两种基本的心态，一是相信孩子和欣赏孩子的稚嫩，允许并保护他们出现的错误；二是做到给孩子的建议或指导到位而不越位。

相信孩子和欣赏孩子的稚嫩，是对学生最基本的尊重，是源于我们最基本的思考出发点：要把一间教室创建成何种形态，关键的声音是来自全体学生，而不是教师。

关于建议和指导，教师要把握好尺度。孩子们的思想认识和行为能力还在发展之中，需要教师的必要引导，但更多的空间应该留给孩子们自由发挥。我们对孩子的指导应该是有边界的，不能代替孩子做出决策，有些障碍需要他们自己去克服。

其二为坚持进取文化原则。

这么多年来我一直坚持在班级文化建设中，打造学生喜欢并对他们一生成长有益的进取文化。一个班级需要进取、协助、双赢、温润的文化追求，我跟孩子们有一个共同的班级信仰约定，用一句话来说就是——我们一直在努力。

我们不妨看看现在不同的学校，教室文化往往千班一面，很多教室门前会挂着"创新""爱国""求是"之类的标语。而我的班级处处体现的是——我们一直在努力！这是一种班级信仰的文化，一个一直在努力的集体，远比空洞的说教对学生更有激励意义。因为它让每个人都可以做到，只要努力了，总会有所进步，这就是班级信仰约定。

缔造完美教室，重要的是缔造班级信仰文化。我们一直在努力——我们需要把这种信仰物化成班级的各种标识。围绕这个理念，我们聚集全班的智慧设计了班级旗帜、班歌、班级关键词。

教室里需要什么？需要哪些功能设置？如何突出教室的实用功能，让学生在教室里感到舒适？在教室里，学生不仅有学习的需要，还有生活的需要，我们要最大限度地满足学生的这些需要。

在建设教室文化的过程中，我会充分尊重孩子们的创意和想法，与他们共同商议教室需要做出哪些改变，需要创设哪些角落，每一个角落如何经营和管理。包括阅读区、心情角、生活角的设置，备好感冒药、创可贴之类的常用药品，创设班级荣誉的展示角。占地面积最大的是学生阅读角，大量的书籍让教室看起来像一个小型图书馆。教室绿化是班级文化的一个重要物化载体，我会让孩子们进行投票，选出班级长期绿化用的植物。孩子们选了兰花。它让人心静气和，充满优雅，配以书法作品的点缀，营造了浓浓的书院气息。

有一年，学校举办教室板报比赛，主题是"春天"。我们班的作品非常独特，拿到了第一名的好成绩。当时接到这个任务，我不是自己一个人想办法，而是让孩子们组成几个小组来讨论如何出一期有创意的班级板报。

经过讨论我们形成了一个让很多人都感到惊讶的方案。孩子们把有关春天的板报设计策划成了一个有创意的综合实践活动——寻找春天，记录春天，展现春天！共分两个阶段完成。

第一个阶段，全班分成六个小组相互合作，首先利用一周的时间在校园、乡村、田野、小区等地方寻找春天、记录春天、感受春天，写下有关春天的考察笔记，拍下有关春天的照片，回家后挑出最满意的春天光影纪录。

第二个阶段，孩子们带着最满意的照片和画报以及写下的春天感悟笔记，做了一个"我们的春天"的照片墙，上面满是孩子们的春天涂鸦，自由随意，充满创意。

孩子们先用春天的画报贴满了教室后面的黑板，近看花花绿绿，远看却非常和谐。他们利用春天的照片贴出了一个大大的"春"字，还在教室四周挂满了春天的海报、春天的照片，有的孩子还利用便利贴展现有关春天的诗歌和作品。这样的板报作品，完全突破了传统黑板报的形式。

在板报设计的过程中，全班学生都参与其中，这也是一个很好的研究性学习的过程。在整个过程中，我只是给学生一个方向，具体怎么做都是由学生自己研究并执行，我把空间和可能性都留给了他们。

学生是教室里的主人，教师最需要的就是充分相信学生，为学生装扮教室或者是营造教室文化搭建一个平台，他们可以做主的事情就让他们做主，不能做主的事情也要创造条件让他们做主。这样，学生就会源源不断地为创造不一样的教室文化贡献智慧和创意，这样呈现出来的一定是学生喜欢，又能够让教师有意想不到的惊喜的教室。

我们的教室我们来做主，体现的是对学生的信任。当教师有了这种教育判断的时候，学生就会让教师看到一个又一个的奇迹。

后来，我也看过美国教师设计的教室。他们的教室其实就是学生的家，花花绿绿，很是温馨。很多设计都源于儿童学习和生活的需要，尤其是他们对教具的应用、教室颜色的选择、功能设置区的应用，显得更人文，更符合儿童的需求。

当我见得越多、思考得越多，回头看我原来做的那些事情，感觉还是有很多不足，实践得还不够充分和深入，但是有这种理念就是一种开始。美国的教室，颜色很多，看起来有点散乱，其实很人性化，很有序。或许很多事情因为教育体制的制约，我们做不了大的改变，但是在一间教室里总是可以做一点改变的，体制的力量还没有强大到规定每一间教室必须呈现什么样子的程度，教育的微改革、微创新就由此成为可能。如果教师有很好的民主观和以学生发展为本的理念，将教室交由学生来做主，就能够创建出一间又一间不一样的教室，这样的教室一定是深受学生喜爱的。

对照不同文化背景下的教室特征，我不禁思考：为什么我们的教室文化建设总是强调整齐规范？而很多西方国家的教室看似散乱却很有序？我们强调整齐规范，背后还是反映出我们的教育价值观强调教师主导一切，标准化的单一评价，教室文化的建设更多的从成人要求出发，而非从儿童世界和儿童需要出发。

教室的"散乱有序"，其实更符合儿童的需要。

从"整齐划一"到"散乱有序"，让教室真正成为学生喜欢的家吧！

大渡河

二、从班长到 CEO

> 只有在班级建设中架构了自由民主、权利保障的文化，学生的良好社会性发展才能得到切实的保障。

班集体无疑是儿童社会的缩影，如何利用班级建设来促进儿童良好品质与素养的形成，促进儿童良好社会性能力的发展，是班主任应该考虑的一项重要工作。

在这方面我做了一些有益的尝试，其中最有感触的是对班干部运作模式的改良。从 2000 年开始，我的班级尝试竞选班级首席执行官（CEO），实行班级组阁制、班级议会监督制，收获了意想不到的精彩。

为何要推动班干部产生办法和运作模式的改革？当时主要是基于以下两个方面的考虑。

一是试图通过重视对儿童权利的认识和运用来促进学生良好社会性的发展。一个孩子在学校里本应拥有很多最基本的权利，遗憾的是这种权利在很多时候被我们漠视。学生应该拥有哪些权利？他们有没有选择的空间和可能？关于这些问题我们考虑得太少。

二是现行班干部的产生模式与运作过程漏洞比较多。我一直有一种感觉，几乎所有学校的班干部产生与运作模式都比较一致，其称呼和岗位的设置全国一套模式。班长、副班长、学习委员、劳动或是卫生委员、生活委员、纪律委员、体育委员、文娱委员，外加几个组长，就构成了班干部管理体系。我一直想：这样的班干部岗位和模式已经存在几十年了，当初是怎么提出来的？是谁决定了用这些岗位来架构起一个班级的管理生态？几十年过去了，这样的岗位管理模式最大的弊端是什么？需要在哪些方面做些改革？

就我看来，这样的班级管理构建模式，最大的问题是制造了一个不平等的"臣民社会"。在基础教育阶段，在一个班级里就把学生分成三六九等，让大量的学生成为被管理的臣民，培养了奴仆意识和特权意识，不利于现代公民意识的培养与形成。其实，这样的架构显然也缺少课程意识、公平意识、成长意识。班干部的产生与日常运作过程，是学生学校生活与学习的重要课程，是每一个儿童应该公平享有的权利的体现，是儿童都能得到成长的重要载体，可惜并不是每一个孩子都能公平地得到这样的成长机会。

纵观这些班干部的产生过程，基本上有以下几种：单一由教师指定（现在比较少了）；教师指定几个候选人让学生举手表决；学生推选几个候选人并举手表决；最接近现代民主选举的是推出一些岗位让学生上台演说并接受同学们的表决。

那么，这样的设置与运作又有什么问题呢？

首先，从这些班干部产生的路径上看，并没有发挥好班干部选举和运作对儿童社会性发展以及能力、品质培养的指导作用，忽视了班干部的产生是儿童民主与权利意识播种和实践的过程，也忽视了在民主选举过程中儿童应该体现的合作性与独立性。单一由教师指定肯定是最不可取的一种方式，而且容易滋生腐败，在班级里会产生极其不良的影响。由教师指定几个候选人让学生举手表决，看似民主了一些，但是最大的问题是推荐出来的候选对象少了历练的过程，而且推荐对象的有关标准有可能已经不合时宜。自我竞选某个岗位的模式则在制造一个所谓成功者的同时也产生了一堆的失败者，没有共进共赢的概念。

其次，从实际的运作效果看，这种管理体制真正发挥的管理作用不大。比如，副班长基本上就是一个摆设；学习委员除了帮助教师端本子、搬教具、登记分数，其实并没有其他作用；班长最主要的工作就是上课喊一声"起立"，或是自修课时坐在讲台桌前充当督察角色，将不听话的同学记录在案，面陈教师，以备秋后算账。这样的班级管理模式普遍缺失对班级事务的整体思考，还无形中激化了"干群关系"。另外还存在的问题是，对这些所谓"人民公仆"的管理成效缺少监督机制，使得他们的工作少了创新的动力和工作绩效评估的压力。

2000 年 9 月，我接手了一个新的班级，从原班主任那里拿到了有关这个班级的材料，发现全班学生基本都是班干部，班里有好几个班长和副班长。经过了解，我发现这个班级有很多"官二代"，很多孩子都想弄个"一官半职"，家长才感觉有面子。但是，带来的结果是管理效率很低，工作没有创意。我决定推行改革。

学生应该有权利选择一种合适的班级治理结构，并且在这种治理结构下充分表达他们的意愿，享有并行使他们的权利。其中最重要的有三点：第一，把最适合也最愿意为大家服务的人选出来为班级服务，组建一个有担当的领导团队。第二，选举本身就是一门儿童民主与权利意识觉醒的教育课程，要利用这个课程发挥其教育作用，把选举变成一个学生权利意识觉醒的教育过程、一个齐心合力有创意地解决问题的过程。第三，更重要的是，这样的班级管理组织建构完成后，其运作是一个体现服务与互相监督的过程。这才是对儿童社会性成长最有益的一种体验。

基于以上考虑，我推行了班级组阁制改革，班里不再选出班长、副班长之类的传统班干部，而是竞选班级首席执行官，由首席执行官提名组阁。具体的形式是这样的：

首先，发布班级组阁海报，做好动员工作，告知家长。然后，推出组阁岗位和组阁路线图，民主选举路线图分以下 10 个步骤：①全班学生讨论改革方案，形成班级选举办法；②有意参选首席执行官的学生自由组成竞选班子，利用一周时间提出施政思路，并在班级的竞选阵地上张贴竞选海报，允许通过公开演讲等形式拉选票；③召开竞选大会，竞选班子亮相，宣布"施政"纲领；④候选 CEO 接受选民质询提问；⑤投票产生班级首席执行官；⑥班级首席执行官宣布组阁名单；⑦班级议会代表做选举演讲，组成议会；⑧班级议会成员对内阁成员信任度进行投票；⑨首席执行官带领全体内阁成员宣誓就职；⑩班级议会代表宣誓就职。

面对这样的一个改革流程，孩子和家长都充满了期待与好奇。他们纷纷开始行动，全班参与，组成了好几个竞选班子，不到两天就纷纷提出了"施政"纲领，并在竞选阵地上发布了他们的"施政"理念和竞选纲领，进行小范围演说，给选民承诺：假如我当选了，我将在哪些方面做出努力，以此来争取选票。

那一周，成了班级的"竞选节"。在这样的一个节日里，班级的每一个孩子都努力参与，发挥着小公民的参政作用。

竞选阵地上张贴的各种海报很有意思，有的孩子画一个比尔·盖茨的头像作为自己的竞选榜样，有的孩子画了一些动物的形象。他们提出了很多"施政"理想，比如成立学习互助小组来帮助同学；在班里设计一个食物角，如果有同学肚子饿了，可以从这里拿一点东西吃；组建班级图书馆；设立班级小药箱……各种新想法，层出不穷。

第一届首席执行官选出来了，组建了班级内阁，共分 14 个部，每一个部的部长都向全体选民郑重承诺——他们将会努力实现竞选时候提出的纲领。当他们面对全体选民宣誓就职的时候，表情庄重而神圣。我知道那是给选民一个承诺，更是给他们自己一个承诺。他们必须好好工作，如果得不到选民的满意评价，只能引咎辞职。

班级内阁每周开会研究班级的事情，共同商量具体事情的解决方案，这就培养了他们的运营管理及解决问题的能力。更重要的是，他们的所有决定都要从全体同学的利益出发来考虑。

这一届的学生通过参与内阁制的运作，慢慢形成了很好的民主与权利意识，更懂得了如何做一个合格的现代公民，统筹管理能力也得到了很大的提升。他们升入中学后，据我的不完全统计，有约 18 个人当了班长。这个数据告诉我，通过这两年班级组阁制的锻炼，他们的确得到了很好的发展。

作为内阁成员，他们还要承担民意的压力。内阁成员信任度投票后，若有三分之二通不过，内阁成员就要引咎辞职，第一次就有两个内阁成员"下岗"了。其中，管理生活服务的一个部长，由于配送水没有及时到位，卫生也没有搞好，只能引咎辞职，而且他还要发表辞职感想。

在做制度架构的时候，我曾考虑过一个问题：辞职后如果没有人愿意来参选怎么办呢？因为从理论上看有这样的可能。按照程序，补选由负责这个项目小组的几个学生在内部优先推选候选人，如果内部没有候选人，其他项目的学生也可以报名参选。几年下来，还真没有出现过没有人参选的情况，所有的工作岗位都有人来参选。但是出现过某一个岗位只有一个人竞选的情况，我想这和班级整体氛围有关系。两个引咎辞职的学生两个月之内没有被选举的资格，两个月之后就有了资格。引咎辞职对他们来说可能是一次挫败的经历，但是这样的体验是孩子一生中难得的经历。他们会因此而懂得，当我不能担当或是不能很好地完成某些工作的时候，很有可能就会被"炒鱿鱼"，所以必须用心做好每件事情。当然，在罢免之前，我会跟这些孩子好好沟通，不让他们有太大的思想负担。

一个内阁成员如果到了要引咎辞职的程度，一定是有很多人对他的工作不满意，会有人到我这儿投诉。投诉之后，会有一个信息传递和落实的过程，也就是让孩子们有一个倾听意见改进工作的过程。如果几次投诉之后还没有改进，我们就会启动内阁成员信任度投票，他们也知道可能通不过，我会让他们有心理准备。

　　面对这么严格的问责和考评机制，为什么很多学生还是愿意参与竞选？那是因为我们鼓励每个人都去尝试。传统体制下，一个班五六十个学生，能当班干部的就那七八个学生，能选上的就那么几个，时间长了学生根本没有工作的积极性，甚至形成了既得利益垄断集团。当游戏规则改变之后，每个人都可以去试一试。

　　我推行了班级首席执行官的选举，把权利交给孩子，家长都很重视，他们帮助孩子出谋划策参与竞选。后来，我们当地的教育局长都知道我们班上有"总统竞选"，我说这不叫"总统竞选"，是选班级首席执行官！原来是有家长到我们教育局长那里谈工作的时候聊到了这件事情。

　　一个集体之所以变得强大，是因为这个集体中的每一个人都有贡献智慧的可能，都有在公平的环境下通过不懈努力成就精彩的可能，都有自由表达声音的权利和对这种权利的切实保障。小到一个班级，大到一个群体、一个国家，并不一定是所谓的精英人才才是最靠得住的，很多时候底层民众缺少了表达心声的通道，只要给予他们足够民主的氛围和土壤，各种充满创意的表达就会不断呈现出来，因为智慧藏于民间。

　　好的班级管理，其实就是架构信息自由传递的通道，有了这个通道，各个层面的信息就能流动起来并取得很好的共识。

三、面对贿选

　　只是奔着分数而去的教育是危险的，只是奔着分数而去的孩子将更有可能成为精致的利己主义者，只是奔着分数而去的家长也许有一天会因此而付出不小的代价。如果一个孩子只得到分数，那他失去的也许将是整片森林。

　　儿童权利保障与民主化进程总是伴随着争议和考验。班级首席执行官组阁机制实行半年就收到了较好的治理效果，孩子们参与的积极性挺高，每一个孩子都有机会参与，他们的现代公民意识和社会性能力得到了很好的发展。

　　第二学期的班级首席执行官普选活动开始了。有了第一学期的经验，孩子们参与的热情更高，经验也更丰富了。我们进一步修改完善了选举规则，让选举更公正、透明、合理。比如，我们规定了所有有意参选班级首席执行官的学生，只能寻找两个原有的班级内阁成员组成竞选班子，组成内阁之后必须让全班同学成为不同内阁的工作成员；任何对选民的承诺都要以海报的形式在竞选阵地上公示，等等。

　　但是，让我意想不到的贿选事件还是发生了。

　　参选对象的竞选纲领都陆续张贴出来了，孩子们进入了紧张而激烈的展示班级管理蓝图、争取选票的过程中。就在这节骨眼上，有一个候选对象连续几天遭到其他竞选对象的投诉。一开始我还没当回事，但是投诉多了，我就觉得这个事儿得重视。

经过初步了解，原来是这个候选对象请了一些同学吃汉堡，笼络感情，拉选票。竞选马上就要开始了，他怕选不上，就开始用这样的方式争取选票。据说，家里专门给了他一笔钱，家长告诉他怎么去请同学们吃饭，通过请客吃饭让同学们投他一票。

这是典型的贿选。面对贿选，该怎么去认识和定位？解决好班级民主化进程中的腐败问题，是引导学生正确认识社会的一个很好的教育契机，也是一个难得的课程资源。

首先，要理性看待这个问题，一个孩子请了几个同学去吃饭，希望同学们投他一票，不能完全否定其积极的一面，因为这个行为背后蕴藏着一个孩子社会生存能力的觉醒。换句话说，这也是一种处世的方法。要建立起良好的沟通和信任关系，通过吃饭、酒会等路径建立感情纽带，也是一种不错的方法。因此，不能完全否定这个孩子的行为方式。

其次，面对全班学生，当有一个候选人用这样的方式参与选举，就必须引导孩子们思考几个最基本的问题：选举之前请选民吃饭，这件事情应该怎么看？有人请吃饭，我就要投他一票吗？我在班级的权利和福祉就值一顿美餐吗？在我的权益、班级利益和美餐之间，作为选民如何思考孰轻孰重？如果这个候选人能力一般，吃了美餐之后我还会选他吗？吃和没吃，投票的时候会不会有一定的倾向性？如果一顿美餐就可以收买一张选票的话，那么我们将会失去什么？

为了解决这个问题，我先跟家长交流了一次，了解家长到底出于什么考虑，让他的孩子请同学们吃汉堡。家长很坦诚地跟我说："培养同学之间的感情嘛！选不上也没有关系啊。"他还跟我说："现在这社会，这些很正常。"

这就是教育，我们没办法独立于社会之外，或多或少会受到社会影响的。教育在社会洪流面前甚至是很弱势的，社会有更强大的能力来影响并支配学校教育。班级里要选首席执行官，孩子父亲就以他的社会经验给孩子支招儿——请客吃饭，贿赂选民。我很坦诚地和孩子父亲交流一个话题——成人世界的方式用在儿童身上是否合适？如果一个孩子过早知道用这样的方式参与竞选，对孩子成长的利弊各是什么？经过交流，孩子的父亲也觉得用这样的方式对待将要面对的选举不是很合适。一个孩子要成功当选，应该用实打实的努力，用他的能力和负责任的心赢得大家的支持。如果用请客吃饭这样走捷径的方式获得了所谓的成功，那也将是一个暂时性的成功。

值得庆幸的是，他的父亲和我取得了教育上的共识。儿童的社会性发展必须遵循儿童生活的逻辑，激进的社会性发展只会让儿童更早地成熟，成为一个老成、世故、圆滑的儿童，那将是很可怕的事情。由此，我不禁想到武汉那个"五道杠"少年去慰问困难家庭学生的新闻。幼稚的脸庞，辅以成熟的政治术语的运用，让人不寒而栗！

在正式选举之前，我站在欣赏的角度谈了这个孩子的一些优点和做法，并请全班学生对贿选进行了讨论。孩子们的争论非常激烈，并把这件事带回家和家长一起交流。通过交流，孩子们对一张选票意味着什么有了更深刻的认识，对民主、权利、自由表达也有了更深刻的认识。儿童的民主意识、公民意识、个人权利和公共权益意识、良好社会性就这样得到了培养。

尽管最后那个孩子没有选上，但是我很感谢他以及由他而生成的教育契机，感谢他的故事让我和全班学生有了一个深度认识民主选举的机遇。儿童要不断成长、走向社会，一个儿童公民意识的培养，一定是通过这样一个个源于儿童生活世界的生动教育案例而得以实现的。教师应该最大可能地创造和捕捉这些发生在学生生活之中的典型案例和孩子们一起分享，并在分享中引导他们懂得 个人应该如何参与社会，以及在参与社会过程中必须坚守的那些最基本的操守。

贿选并不可怕，也许我的教育干预不一定成功或到位，但孩子们在这样的年龄阶段就能看到一个社会的缩影在学校的投射，本身是一件很有意义的事情。

要想促进儿童社会性的良好发展，培养一个现代公民所应有的基本品质，就需要教师富有智慧地创造类似于贿选这样的事情可能发生的土壤，并且把它作为一种经历，和孩子们一起品味。从中，孩子们所获得的体验，将会对他们一生都有益。

问题和错误，是学生和教师共同成长的契机。在教育过程中，不管发生什么，其实都有它积极的一面。那些看似不好的事情，却蕴藏着宝贵的教育契机和教育智慧，及时捕捉这些契机，会给那些成长中的孩子带去很好的教育意义。

一个老师如果懂得把社会上发生的那些事件，经过选择、梳理和提炼，推到孩子面前，变为学生活动的课程资源，带到教室里来和学生一起讨论、交流和实践，变成孩子们可以经历的体验，他们就会在这个经历中得到成长，这也是教育开放性的体现。平等、博爱、民主、自由、尊重等公民精神要从小开始慢慢培养。假如小时候没有接受过这样的教育，那些培养出来的优秀学生就有可能会成为精致的利己主义者，这是当下教育最可怕的地方之一。

有一次，我与一位高中教师探讨我的实践和想法，她告诉我："在高中，没有人愿意担任班干部，所有人都是冲着高考去的，学生觉得当班干部就是浪费自己的时间，不想为了大家和所谓的能力锻炼，影响到高考成绩。同时，不仅是学生，家长也不愿意自己的孩子当班干部。"

她问我："池老师，假如您是在初中，或者是高中当老师，您将怎么面对这样的现象？"

我陷入了深深的思考。这是一个非常现实的问题，太难了！最后我对她说："我没有教过高中，所以我没有办法去想象当高中老师会怎么处理这种问题。我肯定不能以一种假设来回答你的问题。我觉得首先我们需要对你和你的同事们所提出的这种困惑有一个理性思考。家长不主张孩子当班干部，孩子没有时间当班干部，跟这样一种模式下班级管理架构的必要性是两个问题，不能把它们混为一谈。前面那个问题是体制的问题，是教育评价机制问题带来的一个结果。第二个问题是从一个合理的组织结构以及人的成长需要出发来判断，我们理性地直面这个问题，思考到底需不需要让孩子有这样一种经历。在此基础上，我们再来考虑这个问题的答案。"

我觉得答案是毋庸置疑的。孩子在不同的成长阶段，一定要有让他们了解社会、理解社会、建构社会、利用班级以及学校文化体验社会的学习过程。缺少了这样的教育经历，当有一天我们的学生进入社会的时候，就会因此而显得非常无助，甚至无知。

据说，精细化管理到学生每一分钟作息的河北省某高中，已经连续多年创造高考神话，成了名满天下的"高考工厂"。但是我想说：等几十年后再看吧！那些神话之下的天之骄子，那些笼中之鸟，未来能走多远？能否走得幸福？天知道啊！

只是奔着分数而去的教育是危险的，只是奔着分数而去的孩子更有可能成为精致的利己主义者，只是奔着分数而去的家长也许有一天会因此而付出不小的代价。如果一个孩子只得到分数，那他失去的也许将是整片森林。我们不能因为高考的唯一需要，就来否定学生为了获得社会性发展必须经历的那些教育内容。

我们可以寻找中间地带吗？我觉得答案是肯定的！

如果这个共赢点能找到的话，我个人认为在当下还是能够解决一些问题的。比如说，可以解决孩子成长锻炼需要的平台问题，也可以解决高考成绩的保障问题。如果只是因为教育体制和评价机制的制约的话，我们更不能一味地迁就体制的制约。我们要对现行评价体制持谨慎态度，要有在体制中突围的双赢思维，要相信可以在体制内外取得学生成长与优异高考成绩双赢的可能。

我相信，世界上任何事情之间一定会有交叉点和共赢点。我们看问题的视界是不是可以更远一点、更宽一点？尝试站在大教育的角度来看共赢点，就会做一举多得的事情。

在现实的情况下，基础教育阶段确实存在很多大家都清楚的忧虑。很多人都在抱怨教育，但是回到现实，大家还是"涛声依旧"。如果这么多的人都知道我们被绑架上一趟可能会出危险的高速列车，为什么不尝试着做一点减速动作呢？难道还是让这列火车不停地加速度直至脱轨？如果还可以尝试在班里做点儿适当的减速动作，而这种减速更有利孩子的现在和未来成长，为什么不做呢？

四、阳光灿烂的日子

> 好学校如超市，学生有自由选择课程的空间与可能。课程就是学校最重要的产品之一，课程的丰富性与质量是为学生个性化发展提供区别化服务的关键所在。

"在那阳光灿烂的日子里"，是我那些年关于课程开发的初级教育思考与实践。

如果把一所学校最重要的几件事情用几个关键词罗列出来，课程研发无疑是其中之一。好学校如超市，学生有自由选择课程的空间与可能。课程就是学校最重要的产品之一，课程的丰富性与质量是为学生个性化发展提供区别化服务的关键所在。

但是一直到现在，很多学校和教师更重视的仍然是教师教学能力的培养及实践，而忽视教师课程意识的提升和课程建构能力的培养。

在我当教师的初期阶段，基本上是毫无课程意识的，只是凭着教育直觉做一些自认为是有创意的教育活动设计，根本没有课程设计的意识和概念。从课堂教学角度看，我只是单纯觉得仅是教教材里的那些内容明显不足，而且缺少趣味性，因此考虑在课堂教学和班级活动的设计上做一些对学生的多元发展有帮助的拓展。这或许就是课程意识的觉醒，是课程建构思想的雏形。

"在那阳光灿烂的日子里"是一个怎样的活动？其实就是学生假期课程，也可以称为学生假期生活指导课程。

很多老师都有一种体会，两个月的暑假或是一个月的寒假过后，有些孩子会有明显的变化，而这种变化经常是让人欢喜让人忧，由此也引发了我对学生假期生活指导的思考。

假期是学生学习与成长、社会性发展非常好的教育窗口期。学生在寒暑假这两三个月的时间段里如何度过，才会对他们的成长更有意义？很多时候，我们对学生假期生活缺少科学的论证、正确的规划、理性的定位以及必要的指导。

因此，我当时就有一种想法，如何引导并规划学生过一个不一样的假期？它应该包括哪些内容？经过反复思考，2001 年我在班里推出了"在那阳光灿烂的日子里——我的假期生活日历"的假期活动指南，主要由以下内容构成。

首先，我给家长写了一封公开信，这封信用了一个标题——"阳光洒在大家的脸上，温暖留在我们的心里"。我向家长介绍一个学期以来我们班里呈现的各种进步，在这封信的前半段，每一位家长都能够看到自己孩子为这个班级做出的贡献，以及他们所做的那些值得鼓励的事儿。在信的后半段，我提出一个问题——这两个月的暑假我们该怎么过？作为家长有义务更有责任和孩子们一起来设计一个有意义、有创意、有乐趣、对他们成长有帮助的假期生活导图。

在给全体家长和孩子公开信的附件里我还讲了四个故事。其中有关于小洛克菲勒的故事，说的是小洛克菲勒的零用钱是如何分成三份来花的（通过打工挣的零用钱，一份用于捐助教堂，一份买书籍和学习用品，一份用来投资）。另外还有一个故事是——我的投资记，介绍零用钱的使用，怎么学会投资理财，培养孩子的财商。通过这些故事，我想让孩子们明白一个简单的道理：这个世界上除了阳光、空气和水，其他东西都要通过勤奋的劳动才能得到，要学会经营自己的零花钱。

假期生活导图主要包括以下内容。

职业认识：让每个孩子和家长共同确定一个职业作为了解的对象，模拟上一天的班，观察工作的内容，记录职业的有关特点，引导孩子去认识一种职业。

假期打工：和家长商议拟订家庭打工价格表，共同罗列家里哪些事情可以实践打工，和家长签订有关打工协议书。通过假期打工挣钱，对每次打工所得做详细记录，有完整的假期收入和支出明细账本。

社会实践：成立若干社会实践和社会调查小组，同学之间相互合作确定社会实践的相关主题，开展社会实践，详细记录实践过程，形成实践调查报告。

经典场景：记录假期里发生的几件最难忘的事情，在有条件的情况下，用相机记录相关场景，制作假期经典事例场景小展板，开学后举办一个展览。

假期旅行：和家长商定一个假期旅行计划，拟订旅行攻略，让旅行充满一定的新意和挑战性，把旅行的过程用照片、影像、日记等形式记录下来。

作业计划：把暑假需要完成的作业进行分类，拟订一个比较完整的作业计划表，按照计划定期完成作业，家长要对孩子每天的作业完成情况做出反馈。

个性作业：每个人可根据自己的兴趣爱好等个性化情况，完成一项独特的假期作业，范围和形式不限，开学后举办一个个性作业展览。

书海采撷：成立阅读小组，定期到书店或是图书馆集中，交流各自的阅读笔记和阅读心得，互换图书，制作个性化的阅读笔记和阅读心得手抄报等。

温情鉴定：家长根据自己孩子在假期中生活、学习、实践等具体表现，给学生写 份温暖的鉴定，并附上对孩子新学期的期待。温情鉴定中还包括让孩子给父母写一份鉴定，评价在这两个月中，父母是否积极配合孩子开展相关的活动，做孩子最好的共同学习者和生活的互助者，学着做一个睿智负责任的家长，而且这一页必须得由孩子来写，家长不得干预。

给老师的回信：在这本小册子的最后，我让每一位家长结合自己孩子两个月的真实表现以及自己的教育体会，给我写一封回信，分享自己的教育感悟，并对我的教育教学提出相关建议。

很多家长的回信让我非常感动，他们告诉我自己的孩子在这两个月里所发生的那些转变、那些经历的故事，告诉我自己对家庭教育的那些全新感悟，告诉我这样的假期是一个多么不一样的假期，真的是"在那阳光灿烂的日子里"。

"在那阳光灿烂的日子里"，架构起了一个师生之间、家长和教师之间、家长和孩子之间三方都能互动起来的教育平台。这样的一个教育平台一旦架构起来，三方都可以在这个平台上共同获得发展与进步，受益最大的将是学生，这就是我们的期待。

从这个活动出发，后来我获得一个灵感，又策划了一个活动——"周末好少年"。假期可以这样过，那周末怎么过？这个活动主要是让学生学会科学规划周末，让每一个周末都过得有意义。

孩子们慢慢知道周末两天时间可以好好规划设计，同时引导家长关注孩子的周末教育。另外，教师也可以获得一些关于学生的信息，这些信息的反馈有利于及时推动学校教育的对接。不管是设计周末生活，还是设计整个假期生活，要经常思考的是：如何设计并架构一个可以实现多方互动交往的创新性教育平台。

在体制没有大变革的前提下，决定教育变革成败的关键性因素无疑是教师，教师具有怎样的教育观念和价值观是重大前提，然后才是在这样观念指导下的教育行为能力。

因此，教师首先要有课程意识，如果没有课程意识就不会这样去想问题；有了课程意识，我们才会去思考怎么做。设计"在那阳光灿烂的日子里"假期课程是一种方式，也许还有更好的方式，目的都是希望通过努力让孩子在一个特定时间内的经历变得富有教育的意义。

设计这样的一个活动，我当时还考虑了另外一个因素。有的家长很重视家庭教育，会和孩子一起规划，但也有一些家长由于工作忙或是主观上不够重视，没有时间关注孩子。这就需要教师去引导这些家长，一定要抽出时间来关注他们的孩子。而这部分家长通过这个载体也经历了一个受教育的过程，他们知道原来我作为家长是需要学习的，需要这样来承担作为家长的责任。

在家长会上，我专门对家长提出班级家长公约：学习，担当，安全，榜样……其中我特别看重两个：一是担当，二是学习。什么叫担当？作为家长，首先要成为良好品行的榜样。作为家长不能因为自己很忙，觉得没时间管孩子就不管了。因为一旦错过最应该和孩子在一起的那段时间，我们将永远错过。因此，我们要和家长约定，即使再忙也要记得每天抽出时间，哪怕只用 10 分钟来过问孩子，了解孩子这一天的感受与心情，这就是担当。

"在那阳光灿烂的日子里"为家长和孩子的家庭互动提供了机制上的保障。也许有的家长说自己很忙，真的没有时间陪孩子好好聊聊。不排除有极个别家长真的很忙，但是我相信大部分说自己很忙的家长不是因为真的忙，而是重视的程度不够。无论多忙，只要足够重视，每天抽出 10 分钟来和孩子进行简短交流的时间总是有的。

为了落实这 10 分钟家庭交流底线，我设置了双向制约机制：家长要给孩子签字，我还让孩子给父母做评价。这实属无奈之举，父母和孩子本应在温馨的家庭氛围中共同成长，不需要双向制约机制，可是面对有些特殊的家长，我只能用这样的方式为其提供一个担当的机会。

个别家长口头上说很重视孩子的教育，但是他们往往又会因为自己工作忙而忽视对孩子的关注。这些停留在口头上的重视，并不代表对教育真的重视。更重要的是，一些家长所谓的重视，更多只是停留在对孩子学习成绩的关注上，是对结果的关注，而缺少对学习过程的关注，缺少对全面发展过程的关注。

　　从"在那阳光灿烂的日子里"到"周末好少年"，这样的课程设计或许还不够完善，值得推敲的地方还有很多，但其已经体现了明显的课程价值，其设计的背后折射出了鲜明的课程意识。有了课程意识就可以想出很多办法。观念变了，课程意识到位了，敢于创新和实践，就能让教育变得大不一样。教师如果有强烈的课程意识，就会在整个班级营造出独特的课程文化。

　　课程先行，学校正在转型，班级正在转型，我们准备好了吗？

五、寻根路上

和孩子一起看世界，我们都会因此而变得视野宽广。

能懂得生活中的哪些事件可以成为日常教育教学活动的课程资源，并设计出适合儿童学习的体验课程，让儿童了解生活与社会、了解世界的渠道更多元，这一定是优秀教师的表现。

为儿童设计一个了解生活与社会的窗口，这是教师必须努力去做的，而不仅仅是教授课本和学校规定的那些教学内容。如何为学生提供这样的一个窗口？我们要考虑一个问题——如果说教育是一个引导儿童去经历成长的过程，那么儿童成长的根在哪里？

我相信每一个人的成长都是有根的，有的是家庭带给他的，有的是学校教育带给他的，有的是身边那些独特的人带给他的，有的是其自身独特的经历带给他的。一个儿童成长的根会呈现出多元性。当他长大成人之后，就会像我们成人一样梳理自己的人生过往，找到自己的成长之源。

好教育是有根的，多年来我一直在努力让教育变得有根基。

2003年春天，我接手学校的德育工作不久。按照惯例，学校要开展清明节常规教育活动，主要是分班级制作小白花，带着这些小白花去打扫烈士陵园。这本是一个充满教育意义与人文关怀的例行教育活动，但是由于一成不变的方式和内容，小学中高年级学生参与这项活动的热情不高，到了高年级学生甚至有了抵触心理。

作为教育的设计者，我们不得不对那些所谓的清明例行教育活动进行新的定位与思考。

每年清明节给烈士扫墓，那是应该的。但是从教育层面讲，仅停留在给烈士扫墓是远远不够的，也严重偏离了中国人对清明节的纪念本意所在。清明是一个表达对逝去亲人的怀念与情感的日子，更是一个孩子了解自己家庭历史的学习机会，借此了解自己从哪里来到哪里去。遗憾的是我们的孩子在这样一个特殊的日子里，往往忽视对自己最亲近亲人的纪念和感怀。

清明节，孩子最应该给谁扫墓？首先应该是他们的祖辈和亲人。在东方文化中，一个家族的传承主要是精神传承，这是巨大的教育资源。西方的说法是"身上流淌着贵族血统"，而东方人则说"出身名门之后"。无论是出身名门之后还是平凡百姓之家，那都是每一个鲜活生命的根之所在。

家族的传统和信仰是教育孩子的重要课程资源，也是孩子成长的根源之一。

那一年，我和我们学校的几个老师设计了不一样的清明节系列活动——"让我们走在寻根的路上"。这个活动包括以下几大项目：

第一个项目——走近烈士。走进烈士陵园，瞻仰烈士，了解并查找烈士陵园里每一个鲜活名字背后的故事，形成系列英雄谱。

第二个项目——查阅家谱。和父母、家中长辈共同查阅家谱，看一看家族长辈的老照片。了解一下往上数三百年，甚至五百年，我们的家族是从哪里来的，是如何迁徙的。画一张家族迁徙图，了解迁徙的过程，了解家谱里浓墨重彩描述的是哪个人，这个人在家族的迁徙过程中曾经做了什么事情。了解家族有什么传统，家风是什么。

第三个项目——清明扫墓。跟着父母亲自去扫墓，请父母抽出一天的时间带孩子去祖辈生活过的地方看一看，抚摸祖辈曾经生活的那片土地，拍一些照片。

第四个项目——寻根痕迹。做一张走在寻根路上的海报，梳理家族的精神与传统，在班级里做一个"走在寻根路上"的大型研究成果展示。

祭扫烈士墓、查阅家谱、为亲人扫墓、梳理研究成果，这样的一个主题教育活动设计，让我自己也有了第一次认真梳理家族历史的机遇，我和学生共同经历了这个寻根的过程。我的家族是在明朝末年从福建漳州搬到浙江省平阳县山门镇碇埠头村的。据家谱记载，我的家族在那个村子里待了二十几年，因为经常被洪水围困以及当地大姓人家排挤，后来没有办法，就跑到最偏僻的大山里开荒，扎了一间茅草屋，在那里生存下来一直到现在。

由于山高路远，没有哪个人家愿意把姑娘嫁到如此偏僻的山沟沟里，三百多年的繁衍生息并没有使得我的家族人丁兴旺，祖辈的日子过得极其艰难，到了我爷爷那一代就剩两个人。我爷爷在家种地，他的弟弟也就是我的小叔公，以帮别人在海边打鱼为生。后来，小叔公在1949年国民党败退台湾的混乱中失踪了，不知道是死是活。

36年后，我们才知道，当年小叔公被抓到了台湾做苦力。我爷爷为他烧了36年的冥币纸钱，他居然还活着！然而，一直到他去世后7年，随着两岸交往大门的打开，我们才得知关于他的确切消息：小叔公一人流落台湾，在国家大动荡的大背景下，历经人间劫难，终身未娶，悲苦一生，晚年竟靠卖气球为生。

由于我家地处偏僻山区，在父亲6岁那年，奶奶不堪贫苦离家而去，父亲在极其艰难的环境中长大成人。当我查阅完家谱，梳理完家族的历史，不免感慨万千。家族的不幸可谓远远多于幸福，安居乐业的情形很少在几百年的家族史中出现，而颠沛流离、充满不测、生活艰辛则是常态。也正是这样的家族历史，铸就了我们一家坚忍、善良的性格特征。

安巴拉山垭口的祈福仪式 ▶

经历了这样一个关于清明节的寻根活动，每个孩子都和我一样收获很多。当孩子们梳理的各种清明寻根海报出现在学校里的时候，我知道孩子们过了一个非常不一样的清明节。

这是一次真正的寻根之旅！

这次活动的成功给了我很大的鼓舞，我陆续开始设计一些能给儿童带去根的感受的教育活动，比如"西方的圣诞和东方的年"。这个活动的设计思考源于这样的现实：现在西方的圣诞节文化在中国越来越浓，每到圣诞节的时候，孩子们都很关注，甚至超越了对中国传统节日——春节的关注。校园里会有各种各样的庆祝活动，而我们的传统过年气氛却越来越淡。于是，我就设计了"西方的圣诞和东方的年"教育观察活动。长达一个多月的对比观察，孩子们要了解的内容很多，对两个节日的认识、两种文化的对比，带给学生很多文化认识与思考。

经过一个多月的观察之后，孩子们做了一些简报，梳理了一些研究成果，做了一个展示。在跨文化的对比教育中，他们有了文化相互渗透与交融的多元理解，也就慢慢有了面向世界的胸怀。

孩子们还谈到了西方文化进入中国之后对本土文化的影响，这样的影响与改变，又说明了什么？对此我还设计了一个访问活动，让学生访问长者，请他们说说三十年来过年气氛的变化情况，并要求学生用个性化的方式展现出这种变化。有个学生画了两条曲线，呈现从爷爷小时候到爸爸妈妈小时候，再到现在的过年氛围的变化情况。他们得出一个结论：物质越来越发达，但是过年的味道却越来越淡。我让学生思考过年氛围越来越淡的原因是什么，这又是一种拓展性学习。这样的学习，不仅仅是知识性的学习，更是对儿童独立人格的塑造。

这样的课程设计还有很多，基于实际，结合学情。在我设计的所有儿童寻根课程中，令我感触最深刻的还是持续关注美国"9·11"恐怖袭击事件。

"9·11"事件发生的当天，我就意识到这绝对是一个大事件，是引导学生认识世界的一个绝佳机会，因此我开始带领全班学生持续关注"9·11"事件。

我们以最快的速度开设了"9·11"事件专栏，让孩子们通过看报纸、电视新闻、网络报道等形式，每天关注"9·11"事件的最新进展，把收集到的有关新闻报道在专栏里公布。那几天课间，孩子们都围着专栏讨论事件的进展，交换他们对事件的具体看法。看着那一周专栏下围着讨论交流的孩子们，我知道他们已经打开了一个了解世界和认识世界的窗口。通过这样一个路径，一种胸怀世界的大国公民气质的形成正成为可能。

"9·11"事件为什么会发生？谁是本·拉登？基地组织是一个怎样的组织，是如何形成的？拉登这十几年里都做了些什么事情？拉登那么有钱为什么会成为一名"圣战"分子？恐怖分子为什么要撞击美国世贸大楼？塔利班为什么要给拉登提供保护？伊斯兰文化和西方文化到底存在怎样的冲突？什么是巴以冲突？为什么巴以冲突一直不可调和？

一个又一个和"9·11"事件有关的问题被孩子们梳理出来，这些平时几乎不会进入我们教学领域的问题，成了孩子们那段时间最想弄明白的问题。我知道自己成功利用了一次全球性事件激发了学生审视世界、研究世界的兴趣。

我把孩子们分成若干个研究小组，进行问题分工。从第二周开始，孩子们通过各种路径去试着解读这些问题。慢慢的，他们知道耶路撒冷的哭墙以及两大宗教之间那些穿越千年的恩怨情仇；知道巴以双方超过半个世纪冲突的血雨腥风，巴勒斯坦努力建国和以色列建国的那些故事，特别是五次中东战争；他们也知道苏联入侵阿富汗的十年战争背景、塔利班的崛起之路，以及在这个过程中美国情报部门和基地组织之间的那些关系。

两个星期、三个星期，全班学生以强烈的兴趣来跟进这一事件。在差不多一个月的时间里，有关"9·11"事件的专栏出现了很多我们意想不到的研究成果。第二年，随着新课程改革和实践的不断深入，我才知道这就是所谓主题活动背景下的儿童研究性学习。

　　"9·11"事件是引导学生认识世界很好的课程资源，我觉得自己很好地把握住了这样的课程资源。还比如朝鲜半岛问题，我女儿也挺感兴趣，吃饭的时候，我们就会就此展开讨论。在交流中，我们共同探讨一些问题：朝鲜半岛问题是怎么来的？在现代社会里金家连续三代统治这个国家正常吗？朝鲜人民的生活现状是怎样的？真实的朝鲜战争是怎样的？美国在朝鲜战争和现在的朝鲜半岛问题上扮演什么角色？等等。

　　于是，当时读六年级的女儿也开始有了关注世界的兴趣。

　　一个家庭要懂得利用餐桌交流会，针对身边或是当下的热门事件以及孩子在学校发生的那些事情进行坦诚交流，听听孩子的想法，鼓励他们发表不同的意见和观点。很遗憾的是，一些家长在餐桌上谈的更多的是有关孩子的考试成绩，而这恰恰是很多孩子不太愿意谈的话题。在就餐这样轻松而温馨的时刻，可以聊聊学校的学习与生活，也可以聊聊新闻事件，聊聊时尚话题，既能增进亲子感情，还能拓宽孩子的视野。

　　通过朝鲜半岛问题的交流，女儿的新闻视野打开了，这个事件引发了她对世界的关注。知道什么是朝鲜半岛问题并不重要，重要的是家长或是教师利用新闻事件培养孩子关注世界的视野和胸怀。后来，她开始每周坚持写新闻评论稿，很多观点都有比较独到的想法，受到了老师的表扬，称赞她挺有新闻记者的敏感性。

　　不管是关注清明节，关注西方圣诞和东方年的交融，还是持续关注"9·11"事件、伊拉克战争、朝鲜半岛问题，都能达到上述目的。尽管我只是一个小学教师，也没有受过高等教育，但是对世界的关注给了我很多成长的营养。

　　梳理自己的成长经历，我试着回忆自己是什么时候开始学着关注世界的。

我发现，自己关注世界的敏感性源于一次重大国际新闻事件：1990 年打响的第一次海湾战争。当时，我们班很多男生都会围着电视关注战争的最新进展。我的经历告诉我，及时抓住世界典型新闻事件，即时地将它引入教育教学中来，把这些新闻事件创设成班级看世界的平台，其教育意义将无比深远。

后来，在我的班里就有了这么一个专栏——"看世界"。每周都会有新闻热点事件在这个专栏上公布，并请学生上台分享对该事件的看法，这就是我们班引领学生认识世界、拓宽视野的一个重要课程载体。

教师一定要懂得引导学生一起看世界，教师和学生都会因此而变得视野宽广。每年的《感动中国》颁奖典礼，我都会将此作为一个重要的活动组织全班学生观看，让他们从中汲取成长所需要的营养和能量，一个好的颁奖典礼的教育力量胜过学校和父母几年的苦口婆心。

2002 年世界杯，中国队和巴西队进行首场比赛。那天下午，我组织全班学生一起看比赛，有些学生还学着球迷的样子做了一些加油的道具，如拍手棒、运动帽、面具等，还有一个学生带来了国旗。随着比赛的进行，紧张、激动、自豪、惋惜、沮丧，鼓掌、欢呼、呐喊，各种情绪淋漓尽致地迸发出来了。最难忘的是运动员进场的时候，全班学生不约而同合着节拍一起唱国歌，场面非常感人。这才是最好的爱国主义教育啊！

没有什么比看到这样的场面更让人感到激动和欣喜的了！这就是新闻事件的课程力量！

第五章

柔软之心

　　好老师首先要有一颗柔软的心。我们要经常问问自己的内心感受，我的学生需要怎样的帮助和支持？我的学生如何才能过得更有尊严感？怎样才能让学生对未来和生活抱有更多的希望？

一、两束鲜花和两棵白菜

学一年的师德课程，真不如孩子们送给我的两束鲜花和两棵白菜来得有感触。

1994 年 9 月 2 号，我来到了平阳县青街畲族乡中心小学开始了我的教师生涯。那一年，镇上只有我一名公办教师被"发配"到农村学校。我觉得自己受到了不公平待遇，可以说是带着一种比较灰色的心态进入职场。

学校经常停电，每每天色将暗，烛光摇曳，一个人身处异乡的小村子里教书，我常常心生孤独之感。

我的工作任务是担任三年级的班主任兼语文教师。9 月 3 日上午，我去教室第一次与学生见面，这个班级就是我教的第一届学生。九十年代初期的乡村孩子，穿着朴素简单，眼神清澈。他们安静而好奇地看着这位瘦高的男教师，双方都好像没有做好心理准备。

开学一段时间，我始终处于一种茫然的工作状态。处在这样一个偏僻的小山村，在校时老师对我的鉴定——一个也许会误人子弟的老师，不太理想的工作环境……当一个老师总是想着这些灰色的事情，他的工作状态就好不到哪里去。当时，我想的最多的是如何早点离开这个地方。

开学一个多月了，我也没有好好备课。实习时的那点经验，到了真正开始上班的时候，基本派不上用场。很多事情都是第一次经历，同事们也没有给我好的建议，更多时候得靠自己解决。孩子们打架了，教室里搞得一团糟，课上有孩子捣乱，不停地有孩子到我这里告状，弄得我有点烦。

学校里没有厨房，我也没有置办做饭的厨具，放学后就到村子的点心店里煮一碗面条，吃完了回来再给他们上课。没事的时候，我就躺在宿舍里睡大觉，这样的状态大约持续了一个多月。课间，孩子们会猫着腰趴在我房间的窗外看我，如果我抬头往外一望，他们做鸟兽散状，伴随着一阵爆笑和欢呼声跑远了。

我决定买厨具，自己动手丰衣足食。

当时我一个月的工资是200多块钱，而置办一套煤气灶和厨具要500块左右，于是，我就先到学校总务处暂支了200块钱，买了一套厨具搬运到自己的宿舍里。就这样，我的厨房开张了。

由于这个乡村比较小，早上又没有时间去买菜，到了中午小菜场基本上没有什么菜了，做一个蛋花汤将就将就成了我的生活常态。有一天，我的两个学生帮我把作业本搬到房间里，小杨同学问我："池老师啊，你怎么天天吃这些东西啊？"我告诉这孩子，到了中午菜场基本上没有菜了，只能将就一下。

第二天上午一大早，我听到有人在敲我的门，心想：这么早，谁呢？肯定是哪个捣蛋的孩子又在打闹了。

打开门一看，四下没人！只见我的门口放着两棵大白菜，很是新鲜，还带着水珠，绿得诱人。白菜的旁边还有两束花，一束是金黄的野菊花，一束是丹桂。我蹲下身拿起白菜和两束花，浓浓的桂香和淡淡的野菊清香沁人心脾。

我环视四周，只见对面教学楼的墙角露出了几个小脑袋，看到我向他们投去的目光，"嘎嘎"地笑着躲进了墙角。

这就是农村的孩子，简单、淳朴、善良、动人。

原来，小杨同学看到我一个人挺可怜，回家后便和几个同学到山上摘了桂花和菊花，扎了两束准备送给我。第二天一早，她们还到地里拔了两棵白菜一起带过来。

就这样，我被这群山区孩子感动了，尽管他们送我菊花，还是黄色的……

我是一个感性和理性相互结合的人，很多时候很理性，但有时候也会被一些场景感染，莫名感动。

两束鲜花、两棵白菜、一个笑脸、一个眼神、一个背影……简单的人和事，直入心灵，让我的心变得温暖而柔软。

感谢这些淳朴而善良的孩子，是他们让我看到了也许有点郁闷的世界里的那点光亮。我忽然发现，其实做一个乡村教师也没什么不好的。

于是，我试着从身边寻找这样的美好：小溪绕着学校流过，杨柳依依，宁静而祥和的乡村，即将到来的冬日阳光，满山的竹林和红叶，善良而淳朴的孩子。渐渐的，我发现自己对待工作的态度开始有了转变，开始慢慢喜欢上这里并适应这样的乡村教师生活。

那些淳朴的孩子与家长，他们对乡村外的世界充满了憧憬与期待，我知道自己也许可以帮助他们搭建走向山外和未来的梦想之路。我慢慢懂得，要对得起他们那份简单的期待，尽心做好自己应该做好的事情。

于是，所谓的师德修炼就这样开始萌芽。

对很多人来说，对在校所学的师德理论和当下官方所倡导的师德，是很难从心灵层面去感觉的。他们说：老师是太阳底下最高尚、最光辉、最神圣的职业！他们也说：老师像蜡烛、像春蚕，燃烧自己、牺牲自己、成就他人。为什么非得要牺牲自己才能成就别人呢？不牺牲自己不行吗？一个总是燃烧自己、面黄肌瘦、家徒四壁的老师，能具有可持续性吗？能培养出阳光健康、心胸宽广、视野开阔的学生吗？

教师是人，不是神！

尽管我也是浙江省师德楷模，但是我好像没有这样的体会和境界，也不赞成这样的比喻。学一年的师德课程，真不如孩子们送给我的两束鲜花和两棵白菜来得有感触。

无论从哪个角度讲，把教师职业推到这样的一种道德高度，都不是一件好事情。每一种职业都是值得尊重的，每一种不同的职业都应该有自己的职业操守。如果道德高度高不可攀，就会和教师的生活常态脱节，无疑把广大教师绑在了道德的十字架上。当教师的师德表现达不到官方和社会对教师的要求，而道德的高度又要求教师像一个圣人似的，只求牺牲、不求回报，就会让广大教师群体在道德的十字架下疲惫地生活。

只有让教师过上体面而有尊严的生活，成为社会众望所归的好职业，才能吸引更高层次的人才从事教育事业，教师队伍建设才能有出路，教育质量的改善也才能有保障。光靠师德楷模、"最美教师"之类的评选，精神鼓励的"乌托邦"，显然不靠谱，不会从本质上改善教师队伍建设的整体落后现状。

其实我们最应该提倡的是教师职业操守。师德是一个模糊的概念，而细节化、生活化的职业操守是每一个教师都可以去遵守和实践的。

当所谓的师德只是一个个空洞而且高不可攀的概念，当师德只是文字上的描述而失去了生活的关怀气息，我们就不会从内心深处去理解和认同所谓的春蚕和蜡烛。换句话说，人要形成一种对职业境界的理解，需要通过在这个职业经历中发生过的一些事情来积累起对这个职业的感情，而这种感情我认为就是职业认同感。职业认同感高，并且能用一种合理的职业行为方式表现出来，即用职业行为细节来表达职业操守，这便是人人可以实践的师德。

从来没有一个好教师的师德是凭空生成的，也从来没有一个教师的师德修养是通过所谓的师德教育和培训教化出来的。那些期待通过请一两个所谓的"师德标兵"做一场"催泪报告"，就能让教师们形成高尚师德的想法是非常幼稚和可笑的，这样的方式注定不会成功。如果这样的方式能成功，何必年年搞师德教育？这充分说明，我们对师德的定义和所谓的培训方式出了问题。

我的经历告诉我，一个有着良好职业素养和职业操守的老师，其职业认同感一定是在跟孩子们共同成长，跟同事共同探讨和研究教育的过程中形成的。尤其是在跟孩子们的交往过程中，经由相互的心灵交融和促进，最后觉得当老师应该这样才配称得上是一个好老师。一定得是他自己顿悟到了，而不是他人强加的，我认为这才是师德修养的起点和必需的经历。

师德，更多时候是我们心灵深处所感受到的最纯朴、最善良的一种情感，这种情感更多是孩子带给我们的，也是我们由此对自己内心的一种发现。

这种体验是指向我们内心的一种最直接的感受。当老师，我有成就感、愉悦感、幸福感吗？孩子们能感受到老师带给他们的那一份关心吗？我这样当老师，对得起自己的良心吗？有些事情我做了会感到内心不安吗？我认为能经常这样自问，就是具备师德的表现，很多时候这和我们的境界高低可能没有必然的联系。

经常会看到一些媒体报道说，某教师有崇高的师德。可是当圣人般的标准凌驾于我们的生存现实之上，几乎所有的教师都会惶恐。随着职业经历的丰富，我慢慢觉得，如果用道德高度的要求来规范所谓的师德，教师会倍感压力，不利于释放教育的创新力，也会让学生没有亲近感。因此，我们该思考，可不可以多一些身边的教师榜样，他们静静地在我们的身边，那样普通而平凡，做着真实而感人的小事情，也曾做错过一些事情，春风化雨，润物无声……我期待今后对教师所谓的师德要求能从日常工作层面出发，从工作常态和细节出发，关注儿童、尊重儿童、守望儿童，让教育扎实、有创意。这不是更能让教师们内心平静，踏踏实实地做好自己的事情吗？

师德不能刻意拔高，我们不是圣人，师德教育要从职业素养和职业操守着手突破。我们更愿意看到师德变成很细致的职业要求，用很细致的行为来勾勒出教师的师德行为，比如当学生遇到困难的时候给他一个鼓励的眼神；走进教室就要面带笑容；学生迟到了会摸着他的头说"我们都担心你呢，幸好你来了"；学生犯了错误不是急着发火，而是耐心地倾听他们的心声；课后能和孩子们玩到一块，和他们一起来点恶作剧；每件事情都能试着站在学生的角度……这些细节体现了一个优秀教师的师德行为，这是能体现和做到的师德，这样的师德才有可能成为每个教师的工作常态。

师德要充满常态的职业细节之美，而不是被提升到道德的高度，让人倍感压力。那些动不动就把"爱"和"奉献"挂在嘴边的教师不一定就是好教师，因为有些事情是不需要说的，要看他们做了什么、怎么做。

当这样的教师越来越多的时候，我们不仅仅是通过道德层面来展现师德水平，更多的是通过教师的职业伦理能力，或是展现职业细节操守的能力，让人感觉到这个教师是善良的、民主的、平等的、专业的、负责的、人文的、有远见的。当然，这样的教师就是师德修养过硬的教师。如果仅仅用师德高尚这种高、大、上，但概念模糊的标准来界定某位教师的师德修养水平，往往会出现偏差，甚至会因为领导的一句评价而以偏概全。

写到这里我不禁想起经历过的一件事情。有一年学校转学来了一个学生，这孩子非常调皮，总在体育课上捣乱。终于有一天，体育老师忍无可忍，把他抱起来放到沙坑中间，用脚刨了一个坑，再把他放到这个坑里面，然后严厉警告他必须老老实实地待着。没想到，孩子当天回去跟家长告状，说体育老师把他给埋了，埋在沙坑里！他父亲兴师动众，不肯罢休，告到了教育局。最后我们登门道歉，总算结了此事。可是，这位老师从此被教育局领导扣上了师德败坏的帽子。理性思考，的确有点冤。

一直以来，这位老师对待工作兢兢业业、任劳任怨，堪称楷模，师德水平足够过硬，工作认真负责，教学水平也很不错。可领导说："上课居然把学生给埋了，那还了得！简直师德败坏，这个老师一定要处理。"这样就师德败坏了？很多时候教师被扣上了师德败坏的帽子，只是因为他们对工作细节欠考虑。

教师要展现给孩子的，应该是一种专业的能力和过硬的职业品质。要表现出我们的专业能力，不是靠道德说教，不是靠师德引领，而是靠细节操守，还有专业能力背后过硬的教师职业素养和职业品质。当一个老师具备良好的专业能力和职业品质，他的师德就会慢慢通过细节行为表现出来。

很多时候，师德和崇高没有关系，但和教师的职业能力是有关系的。

再回到我上面提到的那位体育老师，如果他懂得用更好的方式来面对那个捣蛋的孩子，能懂得调控自己的情绪，类似的事情就不会发生了，因为人难免会有实在受不了而生气的时候。气起来就把捣蛋的孩子放在沙坑里，让他先安静地待着，以免打扰其他同学上课，这真的意味着他师德败坏吗？我看不一定！这样的评判对这位老师来说是不公平的，他也许做了九十九件好事情，就这一件事情处理不当，就这样被扣上了师德败坏的帽子，年终鉴定，一票否决——不合格！

冷静思考，现在所谓的师德一票否决制，其实值得商榷。一票否决，本身就是最不道德的管理行为之一。

当老师自己压不住怒火的时候，怎么能让他马上抽身而出，把情绪稳定下来，这才是我们要关注的重点。我还想起了一个老师，平时工作都很好，就因为没有控制好情绪，打了学生一巴掌，一辈子构筑的形象在现行的师德评价体系下轰然倒塌。一巴掌之后，所有的舆论一致认为他是一个坏老师。要避免类似悲剧事件的再次发生，光靠师德说教肯定是不够的，我们更需要让教师提高师德行为能力。因为老师也是凡人，也会做错事。

二、柔软之心

> 我没有办法保持平静地离开，也没有办法对生活的苦难熟视无睹。这样的行为或许就是怜悯之心吧。这种东西其实特简单，每一个人都有，我们只是需要不断去唤醒它。

当我面对生活的苦难、奋斗的艰辛、来自孩子与家长的期盼，那些感动就会成为我努力做事的坚定理由和动力。

都说当教师要有爱心，说得通俗点，我觉得当教师最要有的一颗心是——同理心，能经常试着站在学生的角度看问题、想问题，这样他对学生的爱才是自然的爱。没有了同理心，爱学生就会变得无从谈起，如果有爱也是盲目的爱，不符合教育规律的爱，停留在口头上的爱，抑或是不被学生所接受的爱。

因此，我们要少谈所谓的爱心和奉献，多谈些同理心和慈悲之心。有同理心的老师内心一定是柔软的，因为他懂得孩子们需要什么，懂得孩子们的欢乐与痛苦，能走进孩子们的内心世界。

我在农村待了半年之后，慢慢对做一个乡村教师有了一点感觉。孩子们纯朴可爱，尽管也有极其捣蛋惹我生气的一面。我跟那群孩子慢慢地建立起了一种感情，我发现他们已经成为我生活中很重要的一部分。

第二年开春，我早早就来到学校报到，把教室打扫得干干净净，期待早点儿看到孩子们。当教师对工作和学生有了感情的时候，就会有一种牵挂。孩子们陆续前来报名，那个时候报名还要交学费，学费挺贵，好几百元。报名结束时，我发现有一个孩子没有来报名，后来向同事询问，同事告诉我这个孩子每年开学都会晚几天到学校。原因就是她家的经济条件实在窘迫，交不起学费。

这时候我才发觉，我平时真的很少关注到这个在班级里看起来有点特别的女生。

记得我刚接手这个班级的时候，就发现了这个孩子的不一样。她的头发特别乱，脸上也不怎么干净，穿的衣服几乎是全班最破旧的。她的眼神充满了忧郁。

回想自己的头半年工作，很多时候不在状态。我只知道这个孩子很沉默，上课不爱举手回答问题，作业完成的质量也一般，又不怎么合群。我却从来没有想过为什么她会显得如此忧郁。现在想来，我的确是有不称职之嫌。已经感觉到她的不一样，为什么没有到她家里去一趟，做进一步深入的了解呢？

种种迹象表明，这是一个需要被关心的孩子，她的生活一定充满着辛酸和无奈，没有良好的伙伴关系，童年没有快乐，是一个被人群冷漠的对象。

我向数学老师了解具体情况，他说："她每年开学都这样的，他们家穷，没钱交学费，已经欠了学校好几个老师的钱了，现在哪有钱报名？"

听了数学老师的情况说明，我很是不安。

第二天下午放学，我决定到这个孩子的家里看看。喊了和她同村的两个孩子帮我带路，大概走了不到半个小时的山路，就到了山脚下的一个村子。

学生告诉我，她的家就在最靠近山脚的那一片老房子中。后来我知道，村子里稍微有点钱的村民都搬到外面公路边了，盖上三层砖瓦结构的新房子，只有很穷的家庭还住在那些老房子里。

到他们家需要绕过整个村子，一路上牛粪猪粪遍地都是，这里一坨那里一坨，整个村子都弥漫着这种独特的乡村气味。

　　学生告诉我，最靠近山脚竹林的那幢木房子就是她的家。尽管我也来自非常偏僻的农村家庭，但是面前的这幢老房子，还是给了我不小的意外。

　　房子特别旧，一看就年代久远。最让我不可思议的是这幢房子像比萨斜塔似的有一个明显的斜角，我还真担心风会不会把它给刮倒了。到了她家，一走进屋里，由于光线昏暗，感觉面前一团漆黑，一股阴暗、潮湿、发霉的气息扑面而来，过了几秒才慢慢适应过来。我观察了一下，发现地上乱七八糟摆着各种各样的东西。她正在烧火做饭，地上还爬着两个小孩。

　　她看到我来了显然很惊讶。

　　我说："你做饭呢？"

　　她怯生生地回答我："是的。"我又问："你妈妈呢？"

　　她说："妈妈在后头菜地里。"

　　我又问："你爸爸呢？"

　　她说："不知道。"

　　她弟弟插嘴："在小卖部里喝酒呢！"

　　我让她去叫她妈妈回来。不一会儿，她妈妈回来了，整个人蓬头垢面。原来，她正在收拾地里的东西，身上沾满了泥土，看起来很脏。

　　我告诉她我是孩子的老师，她看起来有点紧张，找到一张凳子，不停地用袖子擦了又擦，我连忙叫她别见外。

　　我坐了下来，向她了解孩子的情况——开学了，怎么没有来上学？她母亲说："老师，我没钱，真的没有钱供她上学了，前几年欠学校的学费到现在还没有还呢！"

　　我问："前几年的学费谁帮着交的？"

　　她说："都是学校几个老师帮忙垫付的。今年真的是没有钱了，没有脸再去学校，我们准备不让她读书了，等她再大一点就让她出去打工。"

　　说着，她就喊另一个稍微大点的孩子："把你爸爸叫来，应该在村里的小卖部。"十几分钟后，她爸爸回来了，晃晃悠悠地进来，看到我就说："老师来了，来，我们到外头喝酒去！"一股浓浓的酒气扑面而来。

后来我才知道，她爸爸喜欢喝酒，基本上不干活，经常混迹在小卖部里。家里养了好几个孩子，但是他基本上不管，家里的农活和家务活都由她妈妈做。

听说她爸爸如果哪天酒喝高了，回家就会揍她妈妈，严重的家庭暴力，家里穷得叮当响。一个不太负责任的男人，一个苦命的女人，几个可怜的孩子，就是这个家庭的全部。

走之前，我对她妈妈说："明天让孩子来学校报名吧，你不用担心学费的问题，我们会想办法帮助你解决的。"

孩子站在她母亲的身边，一脸的茫然！我深深知道，这个孩子对生活和未来谈不上希望，我唯一能做的就是带给她眼前的这一点希望。

没有了希望，生活充满太多的苦难，这样的现实不应该让一个孩子来承担。

离开她家走在回学校的路上，一种从来没有过的纠结情绪涌上我的心头。怎么会有这样的家庭？怎么会有这样的父亲？怎么会有这样可怜的孩子？唉！那种感觉像一块石头压在心头——堵得慌！也许一个苦难家庭展现给我们的生活重负，连我这个看似局外之人都感觉到了沉重。

第二天，小姑娘早早来到学校。我把她带到校长那里说明了情况，希望学校能对她有所帮助，温校长马上就答应了。我还帮她垫付了 200 元学费，毕竟孩子不能因为没钱而辍学。后来，她母亲知道我帮她垫了学费，学期结束时把那笔钱还给了我。尽管我一再推辞，她还是坚持要还。

这种事情当年在农村还是比较普遍的。我在平阳县中心小学工作时，教务处主任林厚南老师告诉我，当年他当乡村教师时，每年过年之前都要做一件事情，就是到村民家里去问可不可以归还一点儿学费，有时候都说得不好意思了。

年保玉则的煨桑

　　一年的工资都给学生垫付学费了，过年的时候自己家里一分钱都没有，没有办法只能到学生家里去要债。当老师当成了"黄世仁"，这真是当年做乡村教师的无奈。

　　当个乡村教师不容易啊，高尚了一把，自己却到了生活都不好过的地步。师德的背后是什么？能帮学生不断垫付学费的老师，内心一定是柔软的，充满了善良与同情。

　　好老师首先要有一颗柔软的心。我们要经常问问自己的内心感受，我的学生需要怎样的帮助和支持？我的学生如何才能过得更有尊严感？怎样才能让学生对未来和生活抱有更多的希望？

　　当我面对那样一个家庭，一个饱经沧桑的母亲、一个不太负责任的父亲、一群只能默默承受的孩子，我没有办法保持平静地离开，也没有办法对生活的苦难熟视无睹。这样的行为或许就是怜悯之心吧。这种东西其实特简单，每一个人都有，我们只是需要不断去唤醒它。

三、就抢了个书包

感谢火海中那个瘦小的身影，让我有了做好教育的坚定动力，也让我懂得了所谓的师德，就是当我们的孩子无助的时候，老师会和他们一起选择坚强并共同面对生活的不幸与无常。

1996 年初夏，周末。

睡到自然醒，吃了早点，九点左右，几个学生来到学校，搬了一些画报到教室里准备装饰教室。

我和孩子们正在忙碌的时候，从楼下急匆匆地跑进来一个同事，朝我大声喊道："快！桥坑村着火了，火势很大，赶快去看看！"

"啊！着火了！"——赶快去看看！我和几个孩子从楼上飞快地跑下来，直奔桥坑村而去。

那个村子离我所在的学校不算太远，平时走路也不到半个小时。路上，发现好多村民都在往桥坑村方向奔跑。从一个山坳拐过去，眼前的情景让我的内心瞬间充满了恐惧。

整个村子的一半已经淹没在茫茫火海之中。火光冲天，烧得"噼噼啪啪"响，火势正迅速从东边往西边蔓延。村子里都是木质结构的房子，且连成一片，火势蔓延得非常迅速。我和人群试图靠得更近一点，但是滚烫的热浪把我们逼停在了原地。

由于着火的时间是上午八点多，大家都上山干活去了，村子里基本上只有老人和小孩。大人们从山上飞快地往村子里赶，哭声、喊声、"噼啪"响的着火声交织成一片。从不同方向赶回来的人群聚集在村口，面对熊熊大火，无计可施，只能眼睁睁地看着整片房子烧起来。

西边的房子还没有着火，人群都冲进屋抢东西，能抢多少算多少，抢出来东西就往外面扔。那些已经被火海淹没的房子的主人们在绝望地大喊大叫。

不到两个小时，整个村子都被火吞没，化为一片废墟。

这里居住着当地李姓一个家族，共住着 200 多人，几十户人家。就这样，他们无家可归了。

我们班有 5 名学生成了灾民。慌乱的人群中，我发现了小庆同学。他正抱着书包坐在地上不停地抽泣，小脸黑不溜秋。后来我才知道，他是最早从山上赶回家的人。这个孩子不顾一切地冲进即将着火的房子，上楼到处找他的书包，等找到书包冲出房子的时候，房子已经着火了。

尽管他父母亲也抢了一些东西出来，可是他自己就抢了一个书包。对一个孩子来说，也许书包就是他认为最重要、最值得为之去冒险的东西。

这场火真大啊！第二天我再去现场，偌大的一片废墟依然冒着青烟。闭上眼睛，眼前依然会浮现熊熊大火和村民们悲戚的哭喊声，挥之不去。

回到学校后，我和其他老师商量，先了解一下我们班这 5 个孩子的具体受灾情况。第二天上午，我们买了一些衣服、方便面、鞋子……费了好大的劲才分别找到他们，因为他们分别临时借住到各自亲戚家。

我最后才找到小庆，他住在伯伯家里。这孩子看到我就哭了，他妈妈一看孩子哭，自己也哭了。我给他送去了衣服、方便面、鞋子，他妈妈拿着东西一直说："老师啊，这孩子真傻，好多东西都没有抢出来，他就抢了一个书包出来，真傻啊！"

我对她说："他不傻，书包抢出来不也挺好的？"她说："书包能值几个钱啊，他比我们早到家，怎么不会抢一点值钱的东西出来？就一个书包，有什么用？真傻！"也许她很难体会自己孩子的行为，但是作为一个老师，我理解这个孩子。因为对他来说，书包才是最珍贵的物品，也是他生活的意义和希望所在。

这个冲进火海抢书包的孩子，这个抱着书包面对自己的家园即将变成一片废墟、坐在地上哭泣的孩子，这个被他的母亲反复强调很"傻"的孩子，在很长的时间里影响了我对待教育的坚守态度。

感谢火海中那个瘦小的身影，让我有了做好教育的坚定动力，也让我懂得了所谓的师德，就是当我们的孩子那样无助的时候，老师会和他们一起选择坚强并共同面对生活的不幸与无常。

面对孩子的无助，在第一时间能给他们带去温暖和支持，是一个老师最基本的职业态度。

一场大火给我们班的 5 个孩子带来了不幸，但因为这件事情，全班学生的同情心得到了一次最大程度的激发。火灾过后第二天，我在班上向全班学生讲述了来自火场的不幸消息，发动全班学生表达爱心、募集物品。

当天中午，有些孩子就带上了衣服、鞋子、书包、毛巾、方便面等物品来到学校。班里有个学生的家长是屠夫，他居然捐了一些肉骨头让孩子带过来。有个家长是开服装店的，给每个孩子捐了一套衣服。

不到几天时间，班级里堆满了来自这些山区孩子家庭的爱心募捐物品。我让全班学生分别到 5 个孩子的家里去看看，亲手为自己的同学送上爱心物品。

其实，这不是一次简单的献爱心活动。最重要的是，全班学生都能和那 5 位同学共同感受不幸与无常，并送去他们的温暖。孩子在给他人送去温暖的同时，也给自己带来了温暖。教会我们的孩子在灾难面前选择相互温暖与互助是教师应尽的责任。

灾难面前，孩子们就以这样的方式成长。

孩子冲到火海里抢一个书包，而母亲并不明白书包与读书在一个孩子心里到底占有多么重要的位置。在农村，并不是所有的家长都支持孩子读书。由此我慢慢懂得，在农村当老师，需要不断走进不同的家庭，强调读书的重要性，这后来成了我家访的一项重要内容。

我们班有 40 来个学生，住在不同的山上。其中最远的一个村子是朱山村，海拔特别高，走山路一个来回要将近 4 个小时，几乎和我小时候上学走的路一样远。

随着对附近各个小村子的了解，我制订了不同的家访路线。比较近的（半个小时左右步行距离）一般是和孩子们一起回去，到他们的家里去看看，或是等我吃了晚饭后，带上手电筒等照明设备，沿着山路到学生家里去家访。这个时候，家长也忙完了一天的农活或是生计回到家里，刚好可以利用这样的机会和家长好好聊聊。

住得特别远的几个学生，只能安排周末去家访，往往要一天的时间。像朱山、南莽、九岱这些相对偏远的村子，周末一早出发，走 2 个小时到山上；家访后，再走两三个小时回到学校。我就把这一天的家访当作郊游。

当我不断走进这些农村孩子的家庭，不断了解每一个孩子不同的家庭背景，我对他们就多了一分全新的理解，也对自己工作的责任多了一份坚定。

我们班的学生大部分家庭生活并不富裕，超过三分之一的孩子是留守儿童，基本上跟爷爷奶奶过，长期缺少家庭的关爱。最让人忧虑的是，很多家长对孩子持一种能读到什么份上就到什么份上的态度，基本上认为孩子只要初中毕业了就行，早点毕业可以出去打工挣钱，或是做生意成为小老板。

站在父母的角度看，这并没有错，能早点养家或是早点成为能挣钱的小老板是温州农村家庭实实在在的追求。也正因为如此，我在家访中得不断强调读书对一个农村孩子一生成长的重要性，但效果不甚理想。

尽管如此，我还是愿意坚持。

山民淳朴好客，每到一家，家长都会请我喝酒。一般是炒两盘自家种的青菜，或是买些花生米、鱼干之类的下酒菜，喝的都是自家酿的米酒或白酒。我天生酒量不行，一开始推辞不喝。但是这一带民风如此，不喝酒是对主人的不敬，而且主人劝酒的本领很高，后来也就入乡随俗地喝上了。三杯入肚，大家没有了拘束感，有什么也就说开了。后来，我也懂得了在这样浓浓的把酒言谈的氛围中，听家长讲讲生活的不易，讲讲村子的民情，讲讲对孩子的期待，而我就利用这难得的氛围和家长交流孩子们在学校的情况，并尽我所能动员家长们重视教育。

有几次，我在家访的时候，不知不觉喝高了，起身离开时已是腾云驾雾的状态，摇摇晃晃地走在回家的山路上。其中有一次，走着走着，脚底一踩空，一不小心从田埂上掉了下去，直接摔到了稻田里，起身找鞋子，发现拖鞋丢了一只，怎么也找不到，就这样拖着一只拖鞋回到了学校。

还有一次去家访，家长非常热情，我又喝高了。走在回学校的路上，眼看学校就在前面不远处，身体已经不听使唤，看到路边有一堆草垛，疲惫的感觉召唤我向着草垛走去。就这样，迷迷糊糊地睡在大草垛里，一直睡到大天亮，村民们出来劳作了才醒来，赶紧起来回到宿舍洗把脸去上课。

通过实践，我慢慢知道在农村家访，一开始最好不要和家长说孩子在学校表现得怎么样、作业情况如何、考试成绩如何之类的内容，也不要和他们说教育是多么重要，他们不一定愿意听。而是需要和家长先聊聊家常，聊聊他们的辛劳与收获，他们地里的庄稼收成如何，他们小生意的经营情况，他们对未来的期待。我需要做的就是听家长倾诉，做一个静静的倾听者。我是农民的儿子，来自偏远的乡村，这样的经历使我更能感同身受，我能像一个农民一样和他们共同感受生活的不易。

　　每个人活着都不容易，尤其是农民。作为农民的孩子，在这样的一个乡村小学里成长，很多时候处在自生自灭的状态。很多孩子不到初中毕业就远离家乡，极个别甚至小学没有毕业就开始漂泊世界，开始他们的创业梦想。

　　当我不断了解农村、了解农民、了解这些孩子，然后再回到教室给孩子上课的时候，就会多一分责任和理解。

四、左手一只鸡，右手一只鸭

乡村里满世界跑的孩子，头发满是灰尘的农民兄弟，常年接受智慧盛宴的清洁工，能得到他们的肯定和认可，是我作为教师所能得到的最高奖赏。

教育需要情感投入，用心投入当然就会产生珍贵的情感交流与互动。我在农村待了6年，最感动的就是收获了来自农村广大家长和孩子们最真挚的情感。

1997年春夏之交，我发觉自己出现了恶心、头晕的症状，面部还有明显的黄疸。到医院检查，发现自己得了甲肝。医生告诉我，得马上住院治疗，需要隔离，不然就会传染给学生。

得到确认要住院的消息，我的第一反应还是我的学生，真的放心不下这些孩子。住院就要一个多月，而我的学生马上就要面临毕业考试，学校里没有空缺的代课老师，这时候找谁来替我上课呢？就算找到新来的老师顶替我上课，能上好课吗？我的学生会适应新老师吗？而我的病情又具有一定的传染性，只能请假住院治疗，请假也是对学生的负责。当时，我真后悔自己得了这样的病，非常着急！

躺在病床上，我给同事打电话，请他们尽量排出时间帮我上课。后来我才知道，其实请什么人来上课或是请谁来代课那是教导主任的事情。换句话说，我把教导主任的事情给做了，虽然有些幼稚，但足以说明我对学生的感情和担忧。

接连几天得到的消息是我们班的语文课都没有人上，来代班的老师只是让孩子们看看书或是让他们自己做作业。我一听就着急了，直接给校长打电话，问校长该怎么办。校长说，请有空余时间的老师随机代课，也是没有办法的办法。在这样的山村小学，人头都是算着用的，现在一下子到哪里找代课老师来给孩子们上课啊！

尽管困难较大，我还是向校长表达了我的担忧与期待，甚至自作主张安排起了人事，请 A 老师帮忙上课，并给 A 老师打了电话。A 老师工作有五六年了，比我老道得多，听了我的诉求之后除了表示理解，就明确表示不能接受我的任务。

见 A 老师拒绝了，我又越权做起了教务主任工作，动起了其他几个老师的念头，又分别给他们打了电话，请求他们帮忙到我们班上课。也许是被我的真诚感动，也许是考虑到具体困难很多，最后温校长决定亲自给我们班的孩子上课。

那一个多月，真是辛苦温校长了！事后，我问温校长："你当初怎么就答应了呢？"他回答道："有什么办法呢，你天天逼我。其他老师都是一个顶一个用，大家都有难处，只能我来替你上课了。说实话，让我上课简直是受罪啊！还要改作业，要命！"

在医院里住了一个多月，我总算出院了，第一时间就赶到学校看看孩子们。学生远远看到我，纷纷从教室里冲出来，在操场上就把我围住了。拉手的，抱人腿的，欢呼，鼓掌……

我收获了孩子们最真挚的情感，只是因为曾经用心付出，这无疑是我作为教师收到的最珍贵的一份礼物。

出院后的那个周末，我回到家里休息。中午，母亲告诉我有家长来看望我。到了楼下一看，只见十几个家长一起来到我家。他们是坐着拖拉机来的，经过尘土飞扬的乡村公路，白色的扬尘沾满了他们的头发。

成熟的青稞地

家长见到我略显拘束，又很是激动。几个家长提着他们自家养的几只公鸡和番鸭，关切地询问我身体的恢复情况。一个家长动情地说："我家孩子这段时间天天念叨你呢，念叨池老师什么时候才能回来给他们上课。还好现在你回来了，最后这二十几天孩子们就不用担心了。"

有家长说："我们也没带来什么好东西，就是想来看看你，这些都是自家养的，你杀了炖着吃，补补身体。"

更多的家长只是保持着农民特有的矜持与微笑，没有说太多的话。但那样的笑容无疑是最美的笑容，最能感染人、最富有温度的笑容，也是最能坚定我教育梦想的笑容。

很多年后，我看似不断成长，得到了很多肯定和荣誉，也接受过很多隆重的表彰，但是没有任何一次表彰对我的影响和激励胜过那次孩子们在操场上把我围住欢呼和鼓掌，还有那十几个家长到我家看望我的场景来得富有感染力。在我心底，这些是我作为教师能得到的最高肯定之一。

面对教育改革之路，总有一种力量让我坚定前行。尽管前路曲折而漫长，但是力量不会减弱，这种力量也源于那些最淳朴的孩子和他们的农民父母。

很多年之后，我应邀到温州大学"罗山讲坛"开讲，做了两个多小时的报告，介绍了我的教育理想和我对理想教育的追寻之路。演讲结束之后，在散去的人群中，一个清洁工模样的老人拉着我的手激动地说："池老师啊，我是这个场地的清洁工和保安，我每周都在这听他们讲课，好几年了，只有你的课我真听懂了，谢谢你啊！"

他的表达显然是最能打动我的评价，因为他的评价代表了我努力的境界——把复杂的教育哲学思考用最简单直接的方式表达出来。

乡村里满世界跑的孩子，头发满是灰尘的农民兄弟，常年接受智慧盛宴的清洁工，能得到他们的肯定和认可，是我作为教师所能得到的最高奖赏。

五、更好的营养

错误是我们成长的契机，错误能更好地为我们辨明方向，错误是我们成长更好的营养。正确地对待错误，能给我们的教育带来更多正能量。

教师的发展，就像学生的成长，总是在错误中不断修炼自我。错误是成长最好的机遇，成长就这样在试错中前行。

坦诚地讲，在22年的从教之路中，我曾经做错过一些事情，尤其是刚教书的头几年，犯过各种各样的低级错误。时不时地回头看自己走过的路，时不时地反思自己的教育行为和教育思考，能让我更好地面对工作与生活。

在农村教书的时候，记得有一次，我们班有三个孩子偷拿了别人的东西，我当时非常生气。正在气头上的我，干脆从办公室直接把这几个孩子拉到教室里去，让他们面对着全班同学，我逐一问他们："你还拿了谁的东西？"当着这么多人的面，这几个学生显然非常不好意思，耷拉着脑袋，战战兢兢。

教室里的其他孩子都不敢讲话，一片寂静。这是可怕的寂静，这种可怕的寂静是对儿童个人隐私权的粗暴侵犯。但是，孩子好像只有接受没有反抗的份，这是典型的"独裁教师"带给孩子们的恐惧感。

电影《浪潮》告诉我们，这个世界距离独裁其实只有五天。也许距离独裁课堂都不用五天，甚至只要五秒就够了，教师脸色一变，独裁课堂马上就开始了。

三个孩子低着头一声不吭。怒气之后，我的恻隐之心油然而生。当我面对孩子们在众人面前低着头的样子，就知道自己做了一件挺愚蠢的事情，幸好我及时发现了自己的愚蠢与无知。事后，我把三个孩子叫过来，及时向他们表示歉意，承认自己没有控制好情绪，并向全班学生做了说明和检讨，表达了我对教育方式的反思，希望能把这件事情的负面影响降到最小。

还有一次，我看到讲台上有一排牛奶滴过的图案，显然这不是一个意外而是故意的行为。后来经过了解，发现是我们班里一个平时表现非常优秀的孩子的恶作剧。在我眼里，他可是真正的乖孩子啊！面对我的质问，他很害怕。我说："自己做的事情就要勇于担当，全班同学都觉得你是个优秀的孩子，可是今天我觉得你一点都不优秀，因为你连担当的勇气都没有。"

结果，这孩子备受打击。

后来，我和家长进行了很好的沟通，并达成了后续教育的一致意见。感谢我的学生和家长们，是他们给了我反思和成长的机会。其实，那只是一件很小的事情，学生只是出于好玩，把牛奶滴在讲台上，本无恶意，只是一个孩子好玩天性的表现。会玩、贪玩、玩得有创意才是儿童的本分和天性表现。很遗憾，我潜意识就把这样的行为上升到了儿童品质甚至道德的高度。

这样的高度上升，明显是我对儿童的研究不够深刻，是典型的以成人视角看问题。这个孩子一直都扮演着"懂事"孩子的角色，都是"乖"孩子的形象。细细 想，一个少年老成的孩子正常吗？我们总是把儿童的"乖"和少年老成看作是好孩子的标准，并期待所有的孩子都这样，这是典型的"教师角度"，而非"儿童视角"。

也许把牛奶滴在讲台上来点儿恶作剧的孩子才是真孩子，但是我生气了。像这样缺少教育智慧、缺少儿童立场的教育在我刚刚当老师的那几年经常发生。

慢慢的，随着那些正确的教育尝试和错误教育行为之后的反思，我的教育价值观逐步成熟，我能更多地试着站在儿童的立场看教育，设计教育，实践教育。

儿童立场越来越成为我教育价值判断的主要依据之一。

有一次，一个技能学科的老师向我投诉，说在我们班上课的时候，有几个孩子总是捣乱。这件事引起了我的重视，因为这已经不是这个老师第一次投诉了。这次投诉后，趁这个老师上课，我就在教室后面暗暗观察，到底学生是怎么捣乱的。听了十几分钟的课，我发现这个老师的课上得真是让人不敢恭维，完全是讲授式的，而且讲得还有点儿乱，逻辑不清，毫无趣味可言。将心比心地想，小孩子闹腾是有原因的，也是可以理解的。

总有少部分教师，自身业务能力不过关，不善于学习革新，上课枯燥乏味，但是却很少反思自我。学生在他们的课堂上实在听不下去有点吵闹，他们就到班主任或是领导那里告状，说班主任没管好班级，学生不尊重老师。这样的评价，对学生和班主任来说，显然不够公平。

但是与此同时，另一种声音也会在我的头脑里不断浮现，这个老师隔三岔五到我这里投诉，总觉得坏了我们班级的名誉。对学生批评教育过了，好像也没有什么效果，这些"小兔崽子"太不尊重老师，有损班级荣誉，简直太不给我面子了！我真想直接冲进去把他们臭骂一通，但是我还是忍住了。细细一想，还是选择了和孩子们共同探讨我的烦恼——隔三岔五接受投诉，我该怎么办？我选择把这个问题抛给孩子，让他们自己去面对这样的问题，并自己想办法解决好。我想这是儿童成长的一个机遇。

一个又一个例子告诉我，教师没有生来就成熟的。他们总是伴随着一个一个也许处理不太妥当的教育行为经历，伴随着一次又一次成功的教育体验，在理性反思中开始慢慢成长。

　　我慢慢觉得，事情总是呈动态发展的，如果只是坚守出发时候的一厢情愿，往往会出问题。这些过程中的错误都是我们思考和成长的载体。基于实践错误的思考与改进，能更好地为我们理顺思路与方向，从而取得更好的发展。成长中的错误对教师的发展是很有帮助的，遗憾的是，我们很少能有勇气直面错误，珍视错误的价值。相反，我们更热衷于传递所谓正确的经验。

　　而实践证明，经验其实不可学。因为任何一种经验都是基于独特的时代背景、人群与环境而产生的。换了个地方，环境变了，人变了，经验也就不可用了。但是教训与错误是如何发生的，往往可以给我们带来更多的启迪意义。

　　其实每一次经历都值得反思，一个老师的职业水平和职业修养，包括所谓的师德修养，其实就是在不断地自省和纠错中形成的。当一个老师的自省和纠错意识很强，能不断提醒自己改进教育行为方式的时候，他的修养就会不断提升。

　　错误是我们成长的契机，错误能更好地为我们辨明方向，错误是我们成长更好的营养。正确地对待错误，能给我们的教育带来更多正能量。

第六章

爷爷是个好老师

有了一大批好教师，不愁没有好教育。如何培养好教师，应该成为教育进步的一个核心命题。失去了优秀而卓越的教师群体的支撑，任何美好的教育改革梦想都不会落地生根，更谈不上枝繁叶茂。

一、恩师难忘

有的时候，我觉得"不作为"更能考验教师的教育智慧、定力和卓越的远见。

从中师毕业当老师至今，已经走过整整 22 年。这样的角色转换，让我经常回忆两种角色，一是那些曾经教育过我的老师，二是我自己做学生时候的样子。

回忆那些曾经教育过我的老师，特别是那些给我留下深刻回忆的老师，可以从中汲取作为教师的精神力量和教育智慧。回忆自己学生时代的样子，则提醒自己时时想想：假如我是一个孩子，我需要什么？更喜欢什么样的学校？喜欢什么样的老师？喜欢什么样的课堂？

我感谢所有教育过我的老师，不论是带给我快乐和充满感恩回忆的老师，还是给我留下灰色和沮丧回忆的老师。不管怎么说，所有的老师都值得我一辈子感恩。

我感谢那些给了我力量的老师，我的命运和人生在不知不觉中因他们而改变，这不仅是我的幸福，也应该是他们的荣耀；我同样也感谢那些曾给我留下灰色回忆的老师，是他们让我有了历练的机会，激励我独立自强，并提醒作为教师的我不要做同样的事情。

如今，我已经是一个教龄 22 年的老师，时时回忆他们的故事，如同一面镜子，告诉自己要努力做一个多年之后依然让孩子们怀念的好老师。

从小学到初中一年级，我一直是个所谓的"差生"，也就是现在美其名曰的后进生！我喜欢这样的定位，因为我的确是一个后来进步的学生——真正的后进生。一个"差生"要变成一个货真价实的后进生，得有质变的诱因。也许有的孩子是因为自身"改邪归正"，开始发愤图强。也许有的孩子是因为发现了读书的乐趣，从此开始头悬梁锥刺股。改变也许是因为人的改变而改变，也许是因为外在环境的变化。

而我的改变是因为几个新老师的到来，他们让我体验到了学习的乐趣和作为学生的尊严，从此各方面突飞猛进。

林老师

初二的时候，我们班换了一个新的数学老师——林老师。林老师教我的时候刚刚大学毕业，是一个看起来有点羞涩的老师，白白净净，不善言辞。因为刚教书不久，很多教学常规都不太懂。他是物理专业毕业，因为学校没有数学老师才来给我们教数学，因此常常闹笑话。

林老师上课，最让我难忘的是他讲例题或是分析数学题，经常会出现暂时性的思维混乱，反应不过来。讲例题的时候，他讲着讲着，自己就能把自己给绕进去。记得有一次，他给我们分析例题，让我们补充问题，结果有几个同学提出了几个新问题，出现了新的思考点。他尝试着给我们分析清楚，但是不知道怎么回事，讲着讲着就开始有点乱了，于是常见的一幕出现了："乱了乱了，你们等一下，我再来一次，我会把这道题目讲清楚的……"一阵自言自语之后，结果还是没有讲清楚，同学们哄堂大笑！这个时候林老师还是一本正经地说："还是有点乱，等会儿，再来一次，我就不信我讲不清楚……"他不停地用带着粉笔灰的手指挠着头发，一脸茫然，尽管又会引来同学们的哄堂大笑，但是这个时候的林老师往往表现得特别镇定。

我们喜欢这样一个和我们一样，会出现暂时性思维混乱的老师，甚至很感激有这样一个毫不避讳自己缺点的老师。因为他让我们这些所谓的"差生"找到了强大的自信，也让优秀的学生有足够的自由开始独立自主学习，那与在一个威严的老师驾驭下按照所谓的规范路径学习是完全不一样的。我们在林老师的课堂上经常会毫不掩饰地爆笑！原来老师和我们一样，也有经常弄不明白的时候。今天回忆他的课堂，会让我想起赵本山小品中的范伟，范伟说："等等，等等，有点乱了，得捋一捋。"很有小品的课堂喜剧效果！

　　林老师很温和，从不发脾气或斥责学生。林老师上课，也不要求我们一定得正襟危坐，于是教室里同学们的坐姿千姿百态，很是自由。有时候做什么作业和题目也让我们自己选择，他经常会拿着一套题目让我们选，我们愿意选几道就选几道。

　　他还经常和我们比赛做奥数题，大家轮流出题，现场比赛，看谁做得又快又对，并以若干的草稿纸作为赌注。如果我们输了，只能接受帮他干活的代价，如搬运教具、打扫办公室等。每周那么几次比赛，各有输赢，总体上讲林老师输得多一些。有几次他输了，居然还要赖！一副小屁孩的样子，甚是可爱！

　　因为林老师，我开始有了学习数学的感觉，数学成绩也突飞猛进，最重要的是我找到了学数学的乐趣，而这个兴趣源于我对林老师以及他的课堂教学的喜爱。后来我们几个数学成绩比较好的同学，一旦发现没有草稿纸，就"忽悠"林老师比赛做奥数题，输了让他送我们草稿纸。他的反应明显没有我们快，经常输，因此我们几个同学的草稿纸总不用愁。不知道是不是这种方式的无形训练，我们几个后来入选了奥赛队，就是在这样一个做题有时候比学生还要慢的老师的带领下，好几个人都获奖了，这又能给今天的老师们带来什么启示呢？

　　其实林老师最大的兴趣不是教数学，也不是他大学所学的物理专业。他最大的兴趣是研究古文和书法，在中国传统艺术中享受无穷乐趣。他主攻"两王"书法，写一手漂亮的好字。据说他念大学的时候把大量的精力都用在练字上，专业课也没有好好学习。印象中，我们在考试或是做题的时候，教室里一片安静，属于他的临摹时间也就开始了。课间去他的办公室，除了讨论数学题，他更愿意和我们分享他对书法艺术的心得体会。

他还在学校义务普及书法教育，开设书法兴趣课，培养并带领一批学生练习书法。也就是在他的影响下，好多同学喜欢上了书法。有一次，他还请来了我们县里一位非常有名的书法家给同学们做讲座，让我们大开眼界。

有几个同学深受影响，其中有个姓黄的同学，从政法大学毕业后，没有选择法律类的工作，而是成了职业书法家。他的起点就是源于林老师的启蒙。

这就是我们的林老师，脾气温和，从不发飙！一个痴迷于书法艺术、毕业于物理专业的数学老师，一个讲例题有时候得"捋一捋"的数学老师，一个有时候做题速度甚至比学生还要慢的数学老师，一个让我们可以在自由状态下学习的数学老师，一个富有儿童情趣的数学老师，一个我们可以拿他"开涮"的数学老师，一个用无为的方式激发了我们学习数学兴趣与热情、受我们尊敬和怀念的林老师。

蔡老师

初中二年级的时候，我们的语文老师换成了蔡老师。这是一个略带忧郁色彩的文学青年，酷爱散文和诗歌，说话文绉绉，善用文学语言来表达。蔡老师上课，课文里的内容很快就会讲完，有时候甚至不讲。他喜欢和我们分享自己对文学魅力的体验，更愿意分享各种文坛逸事。那时候，我们的语文课堂常态是——一个侃侃而谈的文学讲述者带着一群痴迷陶醉的倾听者。

蔡老师酷爱阅读，经常介绍一些文学作品给我们，并和我们讨论如何鉴赏文学作品。现在回想起来，我阅读的习惯，如果从根源上讲，也许就是源于蔡老师的启蒙。是他帮我们打开了一扇窗，透过阅读这扇窗，我们知道了课本之外那精彩的世界。

他和隔壁班的马老师成立了学校的文学社"畤溪",召集了一堆文学小青年写文章、写诗歌。记忆中有一两个同学还开始创作小说。我印象特别深的是,他给我们讲诗歌创作的辅导课,用了徐志摩的《再别康桥》作为范例。一个初二的学生其实不太懂《再别康桥》的文学意境,似懂非懂的,但是不得不说,我们被蔡老师讲解这首诗歌时那种陶醉的样子感动了。

他还给我们讲徐志摩与林徽因、徐志摩与陆小曼、梁思成与林徽因、林徽因与金岳霖之间复杂的感情故事,还有梁启超在徐志摩婚礼上独一无二的新婚致辞,听得我们惊讶不已!这世界居然还有这样的人和这样的事情!一节课45分钟,教室里安静得出奇,大家就这样静静地聆听他述说那些尘封的文坛往事。

我知道,在那样的静默中,一个教师最重要的角色体现得淋漓尽致——启蒙者!感谢蔡老师,生命中的阅读启蒙者。

程老师

初二开始,教我们物理的是程老师,他是一个幽默风趣、性格分明的老师。程老师非常有个性,脾气略微暴躁,有时候一生气就会拍桌子。但是他的教学非常有创意,上课特别生动有趣,印象中他的课堂总会跟那时最流行的元素进行整合。

比如他上《压强》这一课,那时候电视剧《神雕侠侣》热播,他的教学设计就和《神雕侠侣》进行整合。什么是压强?如何理解压强?他给我们出的题目可谓精妙:杨过和小龙女要进黑龙潭去抓九尾灵狐,他得带一块木板,杨过体重是多少,小龙女的体重又是多少,木板的面积是多少,他们才不会掉到黑龙潭里?我们要考虑最大承受限度是多少,还要考虑加上他们所携带兵器的重量。程老师就以杨过和小龙女进黑龙潭抓九尾灵狐为线索,设计了一系列变式题目,引导大家来探究压强概念。像这样的例子还有很多,程老师以他独特的教学设计和幽默风趣的教学风格，创造了独特的物理课堂教学艺术，听他上物理课简直就是一种享受！

因为喜欢他的物理课，我对物理开始着迷。之后，我的物理成绩始终保持在班级前列，中考时也考得非常好。程老师还有一个特点我们也非常喜欢，他是一个运动型老师，体力超强，喜欢踢足球、打篮球和乒乓球，尤其是篮球打得非常好，运动场上身姿矫健。

程老师经常从运动场上大汗淋漓地下来，直接就进教室给我们上课，教室里弥漫着汗液挥发的气息。他也喜欢带着我们一起玩，在他的影响下，我们全班大部分男生都喜欢上了运动，他引导我们在繁忙的学习之余，在运动场上释放青春积蓄的力量。有时候我们也会比赛，输的一方要排成一排做引体向上。记忆中，引体向上就在操场边的那棵樟树的树枝上进行，我们一个一个地挂在树杈上。老师和我们一起做，围成一圈喊加油，我一直觉得那是最和谐的校园风景。前几年回到母校，看到那棵大樟树已经长得很高，站在树下仰望，树干早已够不着了。

很庆幸，我们能在树下成长！

程老师喜欢自然，有一次他带上我们全班同学去爬山。穿过树林，蹚过小溪，在上山的路上一路来回奔跑，大声地呐喊，鼓励和帮助那些落后的同学，一直到全体同学胜利在山顶会师为止。他欣赏着我们欢呼的样子，别提多得意了。

如果说林老师和蔡老师是以一种温和的力量教育和影响着我们，那么程老师就是一个有着刚性色彩的角色，充满了男人的力量和坚毅。他脾气倔强，不妥协，拥有独特的课堂教学风格。他常常会因为学生精彩的表现而毫不掩饰自己的喜欢，也会因为学生的过失而恼火，甚至臭骂学生一通，毫不留情。文质彬彬和强悍有力都是我们成长需要的品质。反观今天的教育现状，也许我们更缺少像程老师这样有力量感的老师。

季老师

最有意思的还是教我们化学的季老师。季老师好像永远活在自己的世界里，如侠客一般，经常一副邋遢的样子。他喜欢搓麻将，经常连夜鏖战。白天来上课时总是顶着个乱七八糟跟鸟窝似的发型，有时衬衫的纽扣居然也会系错，有时穿着西装，而一只裤腿还是卷着的。最有意思的一次，他居然穿了两只不同的鞋子来上课……很有现在"犀利哥"的风采。

记忆中有一次他上当天的第一节课，眼神迷离，头顶"鸟窝"进了教室，我们哄堂大笑。他先是摸摸头发，我们依然爆笑。这时候有同学告诉他，是衣服有问题，他不好意思地笑笑，原来衬衫的纽扣又系错了。不可思议的是，到了第四课的时候，他居然顶着油光发亮的"三七"分发型，穿着整齐笔挺的西装进来给我们上课。一进门我们先是愣了一下，接着大家就鼓掌，持续爆笑。原来他去理发店做了一个新发型。

季老师有一绝，记忆中他教了一年的化学课，从第一天开始到中考结束，他从来不带教科书，始终就是带着一支粉笔进教室。后来，我发现教科书和教案的内容、所有的例题和延伸出来的题目都装在他的脑袋里，或者说他的脑袋已经是教科书了，所以他根本不用带书。

上课的时候，他会告诉我们翻到第几页，从上面往下数下来第几行，左边数过去第几个字，从那段开始读起。我们翻开书一看，一点都不差，真是佩服不已，这老师牛啊！上课的时候，季老师总是先从黑板左边的角落开始写下有关题目，分析讲解，再不停地变式，带着我们一道题一道题地往下做，直到课结束，写满整个黑板，粉笔一丢，下课。由点到面，深入浅出，逻辑清晰，一目了然，非常易懂。

为了激励我们学习化学，他的奖励方式也挺好玩，可以到实验室去做他的助教。我们几个去给他做助教的时候，出于好奇还把实验室的实验器具偷拿了出来，搬到一个同学的家里，自己搞了一个小实验室，几个科学爱好者痴迷于做各种化学实验。有一次我们甚至把稀释后的硫酸偷出来，做完实验后把硫酸倒到楼下，结果把一棵树干碗口大的水杉树活活烧死了。他其实也知道是我们拿了东西，但是也没多管，有几次还送我们一些实验设备，并教我们一些更好玩的化学实验。

后来知道，其实季老师就是一个科学狂人。他用了大量的时间研究化学教学，并把所有的知识点装进了他的脑子里。

初中遇到了这几个好老师，我们是幸运的！尤其我这个在小学阶段被所有老师都认为没有出息的家伙，正是因为遇到了他们，才后知后觉地找到了读书的状态，开始喜欢学习，觉得上课是很有意思的事情，开始"大器晚成"，后程发力。

我经常设想，假如没有遇到这样几个老师，我会怎么样？

跟我有相同经历的同学有好几个，中考成绩揭晓——全班有三十多名同学考上了重点中学。最难得的是我们那拨同学还真都不是死读书的，大多兴趣广泛，发展得比较全面。

永远感激他们！一群好教师的影响力该有多大啊！

易老先生

易师明震先生是我中师三年的文选老师。他满头银发，戴着近一千度的近视眼镜，每每从操场走过的时候步履缓慢，精神矍铄，一副桀骜不驯的样子。

易老生于 1926 年，重庆万县人，父亲是国民党少将。在他出生三年后，母亲不幸病逝，由继母养大。1937 年"卢沟桥事变"爆发时，他的父亲在山西任职。随着战事形势急转直下，十一岁的他随着父亲撤离山西。在那个战火纷飞的年代，先生一家出潼关，过黄河，走汉中，到西安，用了半年左右时间最后撤退到成都。

易老回忆那六个月的撤退之路充满无限艰辛，前路漫漫，后有追兵，生死未卜。过黄河的时候，已经是寒冬时节，身上的破棉袄根本抵挡不了严寒，在凛冽刺骨的寒风中走不了几分钟就冻得身体僵硬，好不容易才挤上西去的列车。在先生看似平淡的讲述中，那趟西去的列车，让我想起冯小刚的电影——《1942》中那一趟塞满饥饿难民的西进列车。相同的年代，相同的情景，十一岁的易老趴在火车顶层，能活着到达西安实乃奇迹。

易老一生颠沛流离，抗战时期的撤退只是先生一生颠沛之旅的开始。

在成都还没等完成初中的学习，先生一家又撤退到当时的陪都——重庆。后来，先生毕业于重庆大学中文系，民国大佬的很多后辈都是先生的同班同学。这些同学到了台湾之后，很多都成为军政两界的要人。抗战时期在重庆，先生可以经常见到蒋介石，还去过他的官邸几次，和蒋介石有过面对面的接触。

大学毕业后，先生进入军队任职，无奈解放战争爆发，父亲病逝。1949年春，先生所在的国民党部队选择起义，加入了人民解放军。先生随着部队南下，进驻杭州。据先生讲述：有一天中午，他外出买烧饼吃，可是命运弄人，就是为了吃这一个烧饼，易老又开始了充满无常的颠沛流离之路和极富传奇色彩的一生。

按照当时的政策，起义的国民党军队，可以选择留在人民解放军，也可以自行遣散。由于先生出去买烧饼吃，登记的工作人员就随便给填了一个回原籍遣散。就这样，他离开部队，但是已经没有老家可回，亲人和好友大都去了台湾。先生当时想："我一个高才生还怕找不到饭吃！"没有想到，先生在之后的近三十年里，仅仅为了能找到一口饭吃，都过得那样艰难。

当时，先生的姐夫已经南下到浙江的苍南（当时属于平阳）。于是先生跋山涉水，用了半个月也来到苍南。遇到姐夫后，寻找机会准备借道南麂岛偷渡去台湾。

当时正值农历春节正月初一，寒风刺骨。先生和姐姐一行五人好不容易找到一艘渔船，准备出海，结果被人告密，船舵也被做了手脚。出海后不久，船舵就无法正常工作。就这样，一艘失去动力的小渔船在茫茫大海上漂着。无边无际的大海上，一船的人充满了绝望。在大海上漂荡了两天后，渔船漂向鳌江口一带，上岸即被拘捕。

被关了几个月后，先生被释放，不知该去何处。而先生的姐夫因为是国民党将领，被关押了两年多之后被枪毙了。出身特殊的姐弟俩，在那个特殊的年代要想活下来，其艰难程度可想而知。后来，先生来到浙江苍南一个非常偏僻的小村庄——藻溪，总算找到了一个落脚点。先生就在这个小山村里住下来，以种地为生，做了 25 年农民，直至 1978 年应邀到平阳师范出任大专班的语文老师。

在这 25 年的农夫生涯中，先生因为身份特殊，经常会被抓去参加各种政治学习。1971 年林彪坠机事件发生后，正在地里干活的先生，莫名其妙地又一次被拘捕，在监狱里关了一年多，原因是：先生是国民党的大学生，有可能造反，要接受再教育。

一个乡村里的农夫、重庆大学中文系的高才生，闲来无事就读书。村子里当时多是文盲，大家有什么需要就让先生帮着写写书信、对联之类，对这个能识字并写得一手好字的外乡农民，乡民甚是敬重！

先生很少谈他那 25 年农夫生涯的感受，不知道做了 25 年的农民，是否已经让先生忘记了他的过去和对未来的期待。

1978 年改革开放之后，百废待兴，优秀教师奇缺。当时复课的平阳师范招收了第一批大专生，没有授课教师成了棘手问题。市里查阅了有关档案，发现居然有一个重庆大学中文系毕业的本科生还在藻溪山村里当农民，就邀请易老来学校代课，教授中文。

于是，一介农夫易老，背上行囊来到了平阳师范。

按照程序，代课教师要面试，校长让易老讲李白的《梦游天姥吟留别》。

易老以深厚的国学功底让校长彻底折服，校长马上邀请全体教师听易老上课。第二天，易老给他们讲了老子的《道德经》，先生通篇背诵，深入浅出、观点独到的讲解，让全体师生震惊不已，教室里里外外站满了人，没想到这个土得掉渣的菜圃老农居然是个国学大师！

就这样，易老回到他久违的学校，开始教授文选和古代文学。

先生给我们授课的时候已经六十七岁了，他的一生经历了 20 世纪中国的跌宕起伏。抗日战争，国共内战，新中国成立，"三反""五反"运动，反右运动，大跃进运动，三年自然灾害，十年"文革"，改革开放。也许一生过于曲折，先生形成了沉默、倔强、古怪、脾气大的特点。

先生上课基本不带书，那时候文选课有一半是古文。先生上古文课，很有特点，他很少提问，总是斜靠在讲台边，双手不停地搓着，也很少到学生间走动，是典型的讲授式教学。先生除了讲课文的内容，还会延伸到和课本相关的文学作品或是历史典故，尽管方式单一，但是并不妨碍我们听他上课时的着迷程度。

我们很快发现，先生不但会熟练背诵课文里的古文，还能背诵好多晦涩难懂的经典作品：《易经》《诗经》《离骚》《庄子》《老子》，四书五经、唐诗、宋词、元曲，好像没有他不会的。先生才华横溢，甚至能将《红楼梦》中的所有诗词倒背如流。为了证实这一点，某老师将信将疑，故意说先生不可能有这么好的记性。先生被逗急了，当众让人拿出《红楼梦》任何一首诗词逐字对照，自己摇头晃脑开始背诵，居然一字不差。众人当场惊讶得说不出话来，学生更是佩服得五体投地，这才知道什么叫学识渊博！今天，身边好像再难找到具有这样功底的老师了。

易老上课，慢条斯理，好像永远沉浸在自己的世界里。教材对先生来说，只是一个引子而已，有时候，先生甚至连这个引子都不用，上来先把教材批判一通，然后开始用他那经典的重庆口音专场讲学。听易老上课，颇有上下五千年、纵横八百里的气势，从四书五经到笔记野史，动辄背诵原文，各个学科的知识与典故信手拈来，都在他的课堂中呈现，让听者如痴如醉。

易老还能讲一口流利的英文，加上非常深厚的国学功底，颇有学贯中西的霸气。先生脾气怪异，一般人还不好接近。他有一个习惯，讲着讲着，兴趣来了，偶尔也会提问。面对这样的突然"袭击"，我们大多会有如梦方醒之感。要是答对了，先生可不会对你说什么鼓励的话，只是会面无表情地让你坐下。如果答错了，先生一般回应的就是两三句话："扯淡""狗屁"或是"狗屁不通"。一开始，我们还会哄堂大笑，可是后来发现尽管我们爆笑先生始终不笑，我们也就慢慢地习以为常了。

为了提高我们的古诗词鉴赏能力，从二年级开始，先生要求我们"轮流坐庄"，课前 10 分钟，请一个同学到讲台上来和其他同学分享对一首古诗词的鉴赏分析。记忆中我分享的是李商隐的《登乐游原》："向晚意不适，驱车登古原。夕阳无限好，只是近黄昏。"知道先生要求比较高，我精心做了准备，并查找了一些资料，自以为没有什么问题了，没想到只说了不到 5 分钟，就被先生轰下来了："下来，下来，狗屁不通！下一节课再讲一次，回去重新准备！"先生治学严谨，其实很多同学都被他如此骂过，但是我们对他没有任何情绪，原因何在？我想更多的是被他的高深学识和人格魅力所折服。

对易老了解越多，就越能懂得先生其实很孤独。先生最开心的是我们一帮学生给他买一瓶白酒，弄一点花生米，到他的小房间里陪他喝点儿小酒。三杯下肚，感觉一来，话匣一开，开始分享往事。比如初恋的故事，先是鸿雁传情，后来先生觉得自己的境遇不佳，毅然断了往来，并发誓一辈子不娶，为爱坚守；流落大江南北，25 年种地为生的种种遭遇……

毕业很多年后，每每我们同学聚会，谈论教过我们的那些老师，印象最深刻，也最怀念的老师，大家一致公认的就是易老先生。

易老的一生经历充满了传奇色彩！一个国立大学高才生，在那样一个动荡的年代里，当农民过了 20 多年，流浪全国各地，最后如蒲公英般飘落到山村里，意外被人发现当了老师。

易老一生正气，铮铮铁骨！从易老身上，我看到了民国教师的身影。这个时代再难找这种教师，他们的内涵、经历和风骨让人折服。尽管先生要求严格，好骂人，常常让学生难堪，也不会什么启发式教学，天天采用讲授式教学，但就是这样的一个老师，却得到了所有学生的敬重。毕业后，很多学生像对待父母一样待他。

由于易老是代课教师，1995 年因心脏病突发离开平阳师范后，没有退休金，也就没有了生活来源，晚年生活孤独无助。先生的一生总是和劫难相连，离开学校回到藻溪那个小村子准备安度晚年，没想到一场大火，烧光了先生的一切。第二年，相依为命的姐姐也永远离开了这个世界，留下先生独自一人借住在一个远房亲戚家里，就这样孤独地活着。

易老桃李满天下，所教学生很多都成了我们当地的中流砥柱。作为先生教过的学生，我们募集资金为他专门设立了一个生活基金，以解决先生的生活来源之忧。不管是哪一届学生毕业，大家都会抽空去看望先生。给先生一些钱，给他买几条香烟，陪先生聊聊天，以解先生孤苦之情。

2015 年年初，易老身体微恙，我赶到苍南县第一人民医院看望先生，叮嘱先生少抽烟，毕竟已经九十岁了，望先生多保重。没想到先生缓缓点起一根烟，吐出一口后，淡淡地说："我这一生，生死早已看淡，这一辈子可以受很多的苦，可以受很多的累，唯独不能受气！"

先生铮铮铁骨！学生再次受教。

不料此次见面，竟是永别。2015 年 12 月 17 日凌晨，易老突然驾鹤西去，学生无限悲伤。身处遥远的北方，不能亲自赶去送先生最后一程，我实在惭愧不已。愿易老来生幸福安定，不再孤独，不再颠沛流离。

易老千古，风骨永存！

　　无论是中学时代的林老师、蔡老师、程老师、季老师，还是后来我们一致评价极高的易老先生，他们都对我产生了非常大的正向影响。我一直在想一个问题——一个教师到底靠什么才能够积极而深远地影响学生？教师到底需要怎样的专业背景？我们到底应该以一种怎样的方式站立在学生中间？这些卓越的老师中有非常弱势的老师，有非常有个性的老师，有非常有底蕴的老师，甚至还有像我们季老师那样形象邋遢、看起来有点不太着调的老师。

　　细细一想，这些老师虽然都没有在体制内获得很高的认可，但是学生恰恰很喜欢这样的老师。为什么他们会受到学生认可并对学生产生较大的正向影响？

　　我想，那是因为他们的专业、他们的底蕴、他们的经历、他们的缺点、他们的追求、他们的个性、他们的传奇，就这样真实地展现在我们的面前。我们能看见并感觉到他们的喜怒哀乐，在我们的眼里，他们就是这样一批可以接近的凡人！这样的老师就在我们的身边，我们可以感觉到他们的世界与温度。

　　像一个平常人那样站立在学生中间，用一颗平常心对待学生，这是一个常识也是教师应有的态度。作为教师，有自己的个性、自己的思想、自己的生活、自己的优点、自己的不足，幽默风趣，满腹经纶，可以和学生同甘共苦，也会为一些事情发脾气，这才是一个老师正常的样子。遗憾的是，我们现在总会把优秀教师的标准提高到楷模的境界，或是用道德的高度来约束和塑造一个优秀教师，远离人群，不接地气。久而久之，一些受道德高度之名所累的优秀教师就这样被树立为所谓的榜样典型。但是，一个人的内心世界更需要的，其实是一个平凡人应该有的那些情感表达和归属。

　　我们甚至可以说：一个优秀老师在某些时候应该是比较弱势的，或者说他也可以是"不作为"的。有的时候，我觉得"不作为"更能考验教师的教育智慧、定力和卓越的远见。教育应该是有度的，不能过度，在学校里教师有时候不做什么比做了什么更重要。教师展现了他们作为平常人的那些真实情感，展现了他们的人文情怀，这样的教师会让学生感觉到内心的温暖！

蜀山之王贡嘎

很多年之后，我们依然会怀念这样的老师，尤其是易老先生。我做教师也有 22 年了，我能够从这些老师，尤其是从易老身上学到什么，努力修炼什么？那就是他们深厚的底蕴、鲜明的个性，还有一直坚守的风骨。

我坚信，一个老师之所以多年之后依然受学生尊重，肯定是因为他的风骨、他的底蕴、他的思想、他的个性、他的坚持、他的脾气、他的鼓励、他的课堂、他的专业……以及发生的那一个个教育故事。有欢笑，也有泪水，学生和老师都需要这样真实而温暖的教育生活。

这样的教育生活故事，会成为陈年美酒，时间越长越值得回味，时间越长越是芳香扑鼻，时间越长越能见证教育的智慧。

永远怀念，永远感激那些改变了我的恩师们！

二、我可以选择离开吗？

　　不想做老师了，就是这样，再正常不过了！我们不能以某些一辈子坚守教育事业的楷模教师标准，来界定所有的教师都应该像他们一样。

　　教师的进步是带动教育改良的核心因素所在。不管是课程的变革与研发还是课堂教学中教与学的方式变革，都需要靠教师来执行。失去了优秀而卓越的教师群体的支撑，任何美好的教育改革梦想都不会落地生根，更谈不上枝繁叶茂。

　　有了一大批好教师，不愁没有好教育。如何培养好教师，应该成为教育进步的一个核心命题。

　　培养教师有很多因素在起作用，我想说的是，一个学校或是教育机构，只要做到两件事情就够了。一是选择有热情、喜欢孩子、适合从教的人来做老师，并让不适合当老师或是不想当老师的人有自由离开的机制与渠道。二是给适合当老师的老师提供有针对性的发展平台与支持系统，促进其卓越发展。

　　让我们客观地看待这两个问题，就我的实践体会，在当下的中国，最难的是什么？是如何让实践证明不适合当老师或是真的不喜欢当老师的人，有一个离开的渠道或是机制，同时也让那些愿意从教的各行各业的精英有进入教师队伍的可能。

　　按照现在的教育管理体制，绝大多数教师是国家事业单位编制，通俗地说是端着国家饭碗的人。除非他们自己愿意离开，否则校长基本上不太可能让一个不适合当老师的人离开教育岗位。这相当于断了教师的后路，他们无论如何也不会接受的。

因此，教育主管部门只有在某位老师严重违纪、违法犯罪的时候，才可以按照程序将其开除。除此之外，没有任何一个教育管理机构会因为某老师不适合做老师而开除他们，除非该老师自愿离开。

现在的确有很多老师不适合做老师，一些人还产生了严重的职业倦怠，甚至包括一些所谓的名师。有的老师的职业倦怠已经到了非常严重的程度，但是他们还是每天到学校上课，尽管心情郁闷，尽管不喜欢，还是要去上班，不去还能做什么呢？

在我们的身边，一部分老师对教师职业的理解只是源于一份工作，而非一种热爱。一些老师总是抱怨这个职业，但是你如果对他们说："既然那么不喜欢做老师，那你就离开教育岗位吧！"他们的答案又是："不行！"

如果不做老师，我们还能做什么呢？

这就是一个很奇怪的现象，一面天天抱怨，一面死不离开，难道不引人深思吗？在此，我想针对教师的退出机制谈谈自己的所见所感。

关于教师的退出，我想到的第一个人是风子户外探险公司的高山向导——风子。

风子，江西吉安人，曾以优异的成绩毕业于江西吉安师专，毕业后应聘到浙江温州瓯海一所职业技术学校当体育老师，并任该校的田径教练。

任教不到一年，他发现自己很不适合当老师。因为教师这个职业和他所想象的区别太大，受到的约束太多，一切都要按部就班，没有自由。而他是一个崇尚自由的人，从小的梦想就是周游世界！现实中一成不变的封闭的教师生活状态让他难受不已。同时，他还发现和校长在教育价值认识上有较大的分歧。

当然，最要命的是他没有办法在这样一成不变的工作状态当中，找到一点点当老师的乐趣，现实的教育状况让他感到非常矛盾。终于有一天，因为一些事跟校长吵了一架，他直接跑到校长那里说："我不干了！"

风子把包一卷，走了。他的学生因为他的离开，罢课了三天。

就这样，在毫无准备的情况下离开了教师队伍。他也没有多想，首先就是去实现一个他多年来的梦想——骑自行车环绕中国！从中国的最南边骑到最北边，再从最东边骑到最西边。

一路上，钱用完了，就开始打工。做过报社的记者、工厂的保安，甚至搬运工……有了钱，就开始自己的背包远行。那几年，他就这样"混"在路上。

正是那几年的游历，让他有机会重新认识自己和定位自己的职业方向，倾听内心的声音。在路上他接触了很多户外牛人，打开了视野，慢慢地找到了自己的职业定位和理想。他发现，自己适合从事和户外运动与探险有关的职业。

几年后，他创办了自己的户外探险公司，开了一家属于自己的户外用品店。

一开始，仅仅是卖户外用品，比如登山鞋、冲锋衣之类的物品。在周末组织一些户外运动爱好者徒步、登山、穿越、溯溪、速降、骑行的活动中，他渐渐掌握了一些户外的领队知识与技能，在户外圈内慢慢有了名气。

后来由于机缘巧合和他自身的努力，他曾给国家登山队做过高山协作，免费蹭登过珠峰，成功登顶过多座雪山，在雪崩中经历过生死的考验。他凭借自身的实践探索和丰富经验，完成了珠峰东坡、马卡鲁峰北坡、希夏邦马峰南坡等徒步线路的开发，成功吸引了一批高山徒步爱好者前往那些人迹罕至但是风景绝美之地徒步探险。其中，珠峰东坡的徒步线路被《户外》杂志列为2011年十大经典徒步线路之一。

我就是通过参加他的高山探险队和他结识。几次接触下来，我发现他是一个幽默有趣、崇尚自由与独立的人。他为人仗义、随性，写一手好字，可不像是学体育的人。他在户外圈内口碑一直不错，很多人愿意跟着他一起登山或是去人迹罕至之地徒步。

一个原本毫无生活悬念的体育老师，因为离开，开始了一段新的旅程，生活世界从此变得与众不同。其实，不管是组建高山探险公司还是做一个过平静生活的老师，本没有好与不好之分，关键要看是不是做自己喜欢的事情，是不是做适合自己的事情，有没有符合自己内心的期待，有没有寻找到生活与工作的乐趣。

一些被实践证明了不太适合做老师的老师，如果有更好的出口，让他们有选择的可能和渠道，让他们出现在最应该出现的职业岗位上，这不管是对他本人的发展还是对教育的发展都是一件好事。从更高的层面讲，这是对他们生命本身的负责，也是对社会和谐发展做出的贡献。

在户外圈混了十几年的风子，对生命与生活有了更深刻的感悟。这样一个做过老师的登山人的感悟和故事，对我们这些依然从事教育的老师来说，也许深富启迪意义。

风子曾经是个老师，一个不一样的老师。我们做一个假设：假如发现自己不喜欢教书或是不适合教书的他一直待在学校里，十多年后的他会是一个怎样的人？

看看今天学校里的一些老师，就能知道他可能的模样。天天抱怨，生活与工作没有乐趣可言，不利学生、不利学校、不利社会，更不利自己。

有时候，离开反而是一件好事情。尽管离开需要勇气，很艰难。庆幸的是，风子第一年就发现了自己不适合当老师并勇敢地离开了。如果要离开，早离开总比晚离开好。越晚离开，我们将会连离开的勇气都没有了，更失去了年轻这个最大的拼搏资本。到时候只能哀叹："要是年轻几岁就好了，我一定会选择离开，现在还能怎么样？过一天是一天呗。"抱怨成为生活的常态。

教师职业倦怠的产生有很多种原因，其中有一种原因是我们必须直面的——那就是有一些人真的不适合做老师，但是他们已经进入这个队伍了，在现行的体制下，他们很难有保障地离开。就像风子这样的人，教了一年不到就发现自己真的不适合做老师，只是个人勇气可嘉，主动选择放弃，过他自己愿意过的生活。但是如果没有机制的保障，不是所有的人都可以像风子一样，有勇气选择离开。

在我们的教师队伍中，会有一部分教师，明知自己不适合，也不喜欢当老师，但他们没有勇气离开，不知道自己离开要做什么、可以做什么。这群人我们该怎么去面对？有什么办法让他们找到适合的位置？如果没有，这些教师该怎么办？怎么引导他们在另外一个适合他们的领域做出贡献？很多事情现在我们没有办法解决，那是制度层面的问题，但是学校教师队伍建设又必须面对这个群体，教师队伍的出口问题也应该作为一个和教师培训同等重要的问题来考虑。

由此，我想到以前和我同校的一个老师，也是我的好朋友，我们都叫他辉哥。

辉哥是当年我们中等师范学校的学生会副主席，比我高一届，才高八斗。他是中国书法家协会会员，朗诵、书法、绘画、篮球、田径、歌唱、钢琴、围棋，样样皆通，是一个十分难得的全才。

教书15年了，辉哥跟我说："老弟，我越来越发现自己没有办法在学校里待下去了，我没有办法找到做老师的乐趣，没有办法从教育中找到个人的成就感和存在感，我在学校里多待一天也受不了。"

他跟我商量，到底要不要辞职。我问他："你辞职了干什么？"他说："我没想好辞职干什么，哪怕辞职做个家庭妇男也可以，就是不愿意待在学校里了。"

听到这话，大家可千万别认为他的道德境界有问题。其实我们常犯的最大错误在于习惯性地把教师这个职业绑架到道德的层面和道德的十字架上，好像教师不愿意从事教育就是师德境界有问题，或是道德有问题。这完全是胡扯！

不想做老师了，就是这样，再正常不过了！我们不能以某些一辈子坚守教育事业的楷模教师标准，来界定所有的教师都应该像他们一样。我可以选择一辈子做老师，也可以不选择。楷模不应该是标准，而是那些有志于从事教育者的方向。

对于不想做老师的人，我们要倾听他们内心真实的声音。这和内心的真实感觉有关，和教师道德没有什么关联。

我建议他彻底想清楚这个问题。终于在前年，他说："我想通了，打算离开教师队伍。"于是，他打了报告辞去了公职。

辞去公职后，他天天带着他儿子逛街，然后买点菜回家做饭，练练书法，画画，散散步。有一次在路上遇见他，我询问他的近况怎么样。他说："现在感觉很好，我喜欢！"尽管很多人对辉哥的选择表示不理解，但是我很理解辉哥，他的离开对三方都有好处。

他不是教不好书，恰恰他的教学水平挺高。只是觉得自己不想做了，觉得自己不适合从事教育这个行业，于是就选择离开了，就这么简单。

如果有一个老师真觉得自己不适合做老师了，我觉得学校最好的办法是鼓励他，帮助他，提醒他思考除了教书还可以做什么、愿意做什么。作为学校的管理者，如果这些老师真的不愿意做了，不是一味地从师德、从发展、从如何克服职业倦怠来着手，而是帮助他们选择离开，帮助他们思考离开了可以做什么。

所以，我一直跟老师们交流：不要抱怨，抱怨是没有用的，抱怨既不会给我们带来幸福感，也不利于学生发展。要么就待在这里好好工作，要么就离开吧！如果真的想离开，想好了就早点离开；如果没有能力离开，就转换观念，试着找到自己适合做下去的理由和动力。

长长的大雪坡，坚持还是下撤，就在一念之间

如果不能改变世界，那么就开始改变自己。

风子的离开，学校只是少了一个体育老师，而这个社会多了一个高山向导，他带领更多的人走向大自然、释放生命，是另一种社会贡献。对他的个人生命体验来讲，这个选择很值——有了自己的探险公司，尽管收入不多，可能每年花在登山上的钱也很多，但是他去过很多地方，一个老师哪有这么多的机会可以周游世界？

关于未来，风子说："登山吃的是青春饭，以后我还是愿意回到教师队伍，做一个老师。"

我们设想一下，当一个经历过无数生死体验，攀登过无数大山，周游过世界的人，心静下来要好好地做老师，那将会是何等的教育幸事！我们的教师队伍最欠缺的就是像他这样有多元体验的老师。

问题是：我们的体制会给"风子们"再次回到学校的机会吗？

我们的教育要更有希望，教师队伍建设要获得突破性的发展，一定需要那些心怀教育的跨界人才进入教师队伍，让教师结构更加具有多元性。也只有这样，我们的教师队伍才能适应已经走向以主题、综合、跨界、多元、开放为显著特征的教育发展需要。

因此，我们急需对教师用人机制进行改革，让教师队伍建设充满灵活性，让适合做教育、有教育情怀的人随时都有机会进来做教育；让不适合、不愿意从事教育的人都能体面地、有保障地离开。

教育最重要的使命，是让每一个人都能发现自己、成为自己。成就教师也是一样，如果有人真的不适合，就让他们离开吧，不要谈什么专业成长和职业境界。

可以选择不教书，去成就适合他们的精彩吧！

三、一抹蓝和平常心

作为教师，我很庆幸自己能认识这样一群富有儿童视野、充满艺术感觉和生活气息的圈外人士。他们给了我太多的意外惊喜和灵感，他们影响了我的课、我的教育观，还有我对待生活的态度。

"平常心"和"一抹蓝"是兄妹俩。这两个文艺青年，对我的专业成长帮助极大。

两兄妹是很具艺术天赋和文化修养的非教育人士，因为我的缘故，他们也和教育很紧密地联系在了一起。

哥哥"平常心"本是我们当地电影公司一个普通的电影放映员，随着电影市场的萎缩，效益不好，下岗了。为了寻找出路，也为结合自己的爱好，他开始自学摄影摄像技术，成立了一家家庭作坊式的影视制作公司。

公司最早的业务是给一些新人拍摄婚礼场景，并制作成光碟作为纪念。到了年底，他便整天忙着在各个酒店间奔跑。随着拍摄和制作技术的不断提高，一些企业和电视台也纷纷请他帮忙制作一些节目。于是产业转型升级，他成立了自己的影视制作工作室，用妹妹的网名"一抹蓝"命名工作室。

十年来，我见证了"平常心"这只"菜鸟"的成长过程，他制作的那些片子，一点儿都不比那些专业人士差。到了现在，我们当地一些重要节目的策划、撰稿、拍摄，政府宣传部门的重要宣传片制作，都是请他亲自操刀。

他在这些片子中呈现出来的制作能力、艺术感染力和创造力让很多专业人员都很是震惊，这些都源于他有很强的学习能力和艺术领悟能力。

我和"平常心"相识是因为我当时要拍一节录像课，经朋友介绍请他拍摄。第一次拿到片子的小样，我发现他拍的和其他人的挺不一样。一般摄影师拍课，很多时候给大教室全景，镜头总是跟着教师走。而他不是，他给了学生很多特写镜头，很善于捕捉课堂上儿童的不同眼神，一个转身的动作，一个可爱的孩子看着我们微笑，稚嫩的双手在纸上写下感受的细节，等等。

当时，我被这些细节深深感染。我知道这才是我想要的录像课，用儿童细节来呈现课堂之美、教育之美。后来，有机会看到很多国外电视台拍摄的纪录片，也很凸显对细节的捕捉，而细节是最打动人的。

我觉得这个人不简单，我和他探讨：为什么要捕捉课堂中孩子的细节镜头，是怎么发现这个细节的，为什么要给这个镜头。他问我："一节录像课靠什么才能打动人？"并解释说："你的任务是展现你课堂教学设计的流程，我的任务是把你的教学流程用最打动人的方式呈现给评委和听课者，而最打动人的就是孩子的细节表现。因此，我比较少跟拍教师上课的画面，也较少给全景，镜头重点跟着孩子运动。"

他的那些观点和背后的思考正是教师和教育最需要的一个价值判断——儿童意识、儿童视角、儿童立场。

就这样，我和"平常心"成了好友。每次备完课之后，他会给我提很多建议，我课堂教学设计中的一些创意经常是在和他的交流中得到的灵感，他从他的视角给出的建议会让我觉得很不一样。虽然他是非教育人士，但是他有着非常强的儿童意识和儿童视野。

一个拥有很好的儿童视野和儿童立场的非教育人士给出的建议往往会超出我们的想象，并比我们的思考更贴近教育。空闲的时候，我就泡在他的工作室里喝茶，看电影，看各种纪录片，与他天南海北地神侃。

　　因为"平常心"，我有幸认识了他的妹妹"一抹蓝"，"一抹蓝"是我见过的最棒的平面设计师之一。

　　"一抹蓝"，大学期间自学平面设计，通过了 Photoshop 中国平面设计师认证，长期从事平面广告设计，是登山爱好者，后转行专攻摄影，现在在广州有一家属于自己的产品摄影工作室。

　　第一次去"一抹蓝"的工作室是在 2000 年，我发现她的工作室装饰得很不一样，后来才知道那叫北欧风格。原谅我的孤陋寡闻，那时的我真不知道什么是"宜家"。

　　她的设计重视创意、色彩、板块，简约、朴素，很有点回归自然的味道。她很少制作课件，因为我和"平常心"是好友，她才答应帮我制作教学用的课件。我首先把我的课件制作策划脚本和有关的素材给她。她拿着我的脚本做出了一个让我极其惊讶的课件作品，绝对超出了我所能理解的课件的范畴。

　　简约的大色块组合，画面切换充满创意，像一部经典的广告片。而"一抹蓝"对我的评价是：也有一些老师找她做课件，但是没有一个老师会像我这样有完整的课件策划脚本，完备的素材，照片、背景音乐样样俱全。也就是说，我们之间的合作是"强强联合"，做出来的作品当然也就与众不同。

　　具体到一节课的课件策划方案，我会用大量的时间收集画面和背景音乐。我对课件背景音乐的选择非常严苛，每一段要表达的内容，都要从很多的音乐中选择最契合的曲子，以达到音乐一起就抓住儿童心灵的要求。在选择的时候，我会闭上眼睛聆听音乐，脑海中闪现内容与画面。我的判断依据是在 3 秒钟之内能不能打动我，用通俗的说法就是是不是足够"走心"，画面和音乐之间的配合是不是相得益彰、天衣无缝。

　　如果这些都具备了，我才会定下背景音乐。在教学设计和课件制作的过程中，"一抹蓝"总会给我很多建议，她的建议是我最重要的借鉴意见。

　　我发现这两兄妹制作作品有一个共同的特点：儿童视野。我没有告诉他们什么是儿童视野，却发现他们很清楚教学应该为谁服务，怎样更好地为儿童个性化发展服务。之后，我上课的所有录像、课件都交给他们制作。我们联合完成策划、撰稿，在制作过程中互相提意见，我觉得这样的过程是一个相互启迪的艺术表现过程。

"一抹蓝"和他们的"游吧部落"也对我的生活方式及生活态度产生了影响，她是一个浑身上下散发着自由气息的人。

在她和她先生的努力下，他们于2002年组建了我们当地最早的户外运动俱乐部——"游吧部落"，带领大家开展徒步、露营、溯溪、速降等活动。

她热爱生命，热爱自然，和大自然的亲密接触给她的生活和工作带来了灵感与激情。这和我的兴趣与教育价值追求不谋而合。一直以来，我的很多教育观念就是源于对自然的感悟。

十多年了，我们之间有了很默契的合作，也可以算是惺惺相惜吧。

感谢"一抹蓝"，感谢"平常心"。作为教师，我很庆幸能认识这样富有儿童视野、充满艺术感觉和生活气息的圈外人士。他们给了我太多的意外惊喜和灵感，他们影响了我的课、我的教育观，还有我对待生活的态度。

四、老魏

　　教师往往会在不经意间给儿童投下一片阴影，但要走出这片阴影，有的人需要好多年，有的人甚至一生都走不出来。因此，我们要比任何行业都懂得谨言慎行。

　　一个教师的成长总是会伴随着一些关键性事件和关键性人物。这个关键性人物也许是一个学生，也许是普通的教师，也许是校长或是所谓的专家，等等。

　　影响我专业成长的第一个关键性人物与我一直没有正面接触过，但是那件事和他本人却带给我成长最关键的信心和力量。等我有机会与他本人直接接触的时候，已经是12年之后了。说起这段往事，我们都哈哈大笑。一个优秀教师，居然可以用这样的方式影响他人。

　　他就是中国杰出的教育家——魏书生先生。

　　长期以来，作为教师的我是不自信的。进入中师读书，面试不过关，签订试读协议混入教师队伍。很多人都认为我不适合做老师，在这样的影响和暗示下，我总觉得自己在同行面前没有自信，对职业的未来不抱希望。这也算是一个阴影吧，很长时间里我都没有办法走出这个阴影。

　　因此，我从进入中师学习就没有想过以后要在教育这个行业上有所发展，总是期待有机会离开这个行业。特别是毕业分配时又被分到很偏僻的农村，我更加坚定地认为这辈子就甭想在教育事业上有所作为了。

当我做得不好的时候，就会时不时想起面试老师说的话——你不适合当老师，要是当了老师就会误人子弟！

因此，那些年好好教书不是因为希望在教师职业上能有所发展，只是觉得如果没做好，对不起那些农村孩子，对不起自己的良心。但更多的期待还是希望能够挣到一笔钱，让自己在其他行业有所发展。所以，我总是想着去经商，或是转行当律师。

一直到 2000 年 9 月，我调到我们当地的昆阳镇第一小学开始当老师。进入那所当地名校后，我发现自己工作 6 年多，成绩居然是一片空白。没有上过一节公开课，没有写过一篇论文，没有获得过一个和教育教学有关的奖项，没有跟随名师好好地学习过，而我的那几个同班同学都已经是市里非常有名气的老师了。

差距巨大啊！当时，我给自己的定位是：我在课堂教学上肯定不会有好的发展了，那就踏踏实实地做好班主任工作，管好一个班级，当一个合格称职的班主任吧。

这世界很多事情总是不按照我们的设想发展，我用自己那些年在农村的实践与思考，开始了我在城镇小学的班级改革实践。带领儿童开展班级研究活动，经常在课堂上讨论课文里没有的学习内容。带领孩子关注当下，讨论政治、经济、文化以及正在发生的热点问题。充分尊重学生的意愿，发动家长参与班级建设，营造了充满自由、鼓励学生个性表达和创新的班级文化。这些活动很好地激发了孩子们的学习兴趣，同时也让很多家长觉得我和以前的那些老师不太一样。

我带这个班级不到 3 个月，就引起了学生家长和学校各位同仁的热议，特别是我们班的那些家长，很好奇池老师是一个什么样的人，怎么能做到让孩子们都那么喜欢他，并且让孩子们那样快乐，乐于每天回家和他们分享自己在学校里发生的那些事情。

慢慢的，我的班级管理创新做法也引起了学区领导的重视。

2001 年春天，我们全县准备召开班主任培训大会，邀请了著名教育家魏书生先生给大家做讲座，并布置全县班主任工作。教育局决定在魏书生先生讲话之前，请一位老师代表全县班主任介绍自己的班级管理工作情况，也展现我们县班主任队伍的工作风貌。

教育局让各个学区推荐这样的人选，我所在的学区就把我推荐到了教育局。教育局组织有关专家看了申报上来的几十个老师的材料，他们一致把关注的目光聚焦到了昆阳镇第一小学的我身上。他们一致认为，我的班主任工作做得非常有特色，做了很多有意义的探索，在很多方面有了突破性的尝试。

但是令他们很犹豫的是，之前都没有听说过我这个人，让一个名不见经传的老师代表全县班主任发言，会不会有问题？

主管这块工作的是普教科的詹科长。为了慎重起见，他特意把我喊到办公室，跟我聊对治理班级的一些思考。听了我的介绍和对教育的一些思考，詹科长非常赞同，就决定让我去汇报。

这是我第一次代表全县教师上台讲话。在确定任务之后，我总感觉自己心里没底，也只能硬着头皮上了。为此，我做了精心的准备，突破传统的八股式介绍，用讲故事的形式介绍自己班级创新管理的实践与思考。

在魏书生先生讲话之前，我做了一个主旨演讲，题目是"说说我班里的那些事"。我把自己班里发生的那些故事和老师们分享，原汁原味，试着告诉在场的老师和教育局领导，在我们面前的是那些我们不太了解的儿童，我们需要读懂那些不一样的孩子，我们需要为他们构建一个真正属于他们自己的班级。

我讲了 3 个故事，20 分钟的时间，台下爆笑不断。我站在台上看到教育局领导和来自全县的校长、优秀教师代表将近700人都给了我鼓励的掌声，真让我激动不已。我更看到了坐在台下的老魏也给了我几次掌声，并投给我肯定的眼神。之后就是老魏上来讲，讲他班级管理的民主和科学精神，并两次点到我刚才的讲话，给予了充分的肯定。后来我知道，我的班级管理实践和他的精神其实是一样的，都提倡自由、尊重、民主、平等、责任。

当会议结束走出大会场，很多人向我表示祝贺，我可以说是一讲成名。20分钟，让来自全县的校长和骨干教师看到了一个不一样的老师。我的一个同届同学走过来向我表示祝贺，他说："池昌斌你行啊，还真看不出来你这么有想法。"

我的班级教育实践得到了那么多人的认可，完全超出我的想象，而且还能和老魏同台讲话，这给了我莫大的鼓励和肯定。可以跟老魏同台演讲，在我看来是一件挺牛的事情。

这件事也让我获得了作为教师的两个力量。一是自信，我发现自己可以做一个好老师。二是我发现自己所做的事情很有意义，我会这样一直做下去。

2002年，我开始真正研究课堂教学。2003年参加课堂教学大赛，拿到全市第一名，之后还拿到全省第一名。我开始发现自己除了能当好班主任，也可以成为课堂教学能手。我的普通话不标准，没有关系；形象不大好，其实也没有关系。关键是我的学生喜欢我，我的课堂教学得到了认可，慢慢的我就更加自信了。

到了2006年的时候，有人建议我去参加浙江省特级教师评审。那年我29岁，参加评比没有任何负担，一路过关斩将，冲到最后，拿下了上课、论文答辩两项成绩第一。在省里的终审评委会上，由于我太年轻，引起了很多评委的争议。浙江一位非常有名的特级教师，金华师范学校附属小学的徐景生校长为我据理力争——池老师是一个非常有思想的老师，应该让他上。最后厅长说："太年轻了，30岁不到。过4年让他再来。如果他能坚持4年，下次就让他过。"

这样一次参评特级教师的经历再次让我得到了肯定，我不但可以当一个好老师，也许还能成为特级教师。4年之后的2010年，一切水到渠成、顺理成章，不到34岁的我成了浙江省当年最年轻的在职特级教师。

教师往往会在不经意间给儿童投下一片阴影，但要走出这片阴影，有的人需要好多年，有的人甚至一生都走不出来。因此，我们要比任何行业都懂得谨言慎行。

再次感谢老魏带给我的间接力量，让我终于走出了那片阴影。

藏北高原

五、归零

　　　参加完颁奖典礼回到家，我把那本特级教师证书扔到了储物柜里，并且刻意淡忘自己特级教师的角色。

　　人生总是因为某些不经意间发生的事情，轨迹就发生改变了。这样的改变就是拐点。人生是有拐点的，教师的成长之路同样也有拐点。我专业成长之路的第一个拐点就是浙江省"百课万人"教学展示活动。

　　而这样的一条"百课万人"之路源于我的恩师陈素平老师。

　　陈素平老师是我需要重点感谢的专业引路人之一，她是我见过最特别的一个教研员，因为她最懂得"价值引领、无为而治"。

　　很多教研员出于责任或是对自身专业能力的自信，会用他们的理解对教师的教学设计进行精细化修改，告诉教师该怎么做、不该怎么做。而陈素平老师更看重对教师教育价值观的引领，她会用符合世界主流趋势的教育价值观引领教师看课、看教育。至于课的细节设计，她会给教师更多自由创新的空间，只把握课的大方向。她最看重的是对课的理念和价值的思考与创新，还有那与众不同的表现形式。

　　陈老师鼓励创新，也保护创新。如果我的创新设计在其他场合遇到不理解的人，她会想尽一切办法和对方沟通，让他们理解我的创意。

　　在陈老师的鼓励和引领下，我朝着课堂教学创新之路努力奋进。

2003 年秋天的一个黄昏，我和几个朋友在小酒馆里吃饭。席间接到陈老师打来的电话，她说："池昌斌，给你一个机会，浙江省教科院正在举行'百课万人'课堂教学上课选手选拔活动。温州市正在选择可推荐的上课对象，其他人都把材料送过来了，我们看了还不是很满意，要不你也写一份教学设计过来？时间很紧，今天晚上你就要完成一篇 10000 字左右的教学设计，明天上午送到办公室给我。如果可以，就你了，如果不可以就让其他人写了。"

我几乎没有思考就答应了，马上回家开始按照她的要求整理教学设计稿。整整一夜未眠，终于在天亮的时候完成了 12000 多字的教学设计稿。凌晨六点出发，七点多到温州市区，八点送到陈老师的办公室，九点多我和其他 16 位老师的材料一起被送往杭州。

由于是一个临时性的工作任务，我对结果不抱任何希望，至于接下陈老师的任务，更多的是出于工作态度的考虑。

一个月之后，我接到了来自杭州的省教科院领导的电话。他告诉我，我的课例成功入选第二届浙江省"百课万人"课堂教学展示活动。

温州共推荐了 17 个对象，前面 16 个被淘汰了，我这个搭上末班车的人被选上了。人生总是充满意外，我成了"百课万人"课堂教学展示活动的 8 位创新型教师之一，近距离跟着省里的专家实践了一年，得到了很多指导。在这个过程中，认识了很多对教育有理想、有实践的教师和校长，开阔了视野。这一年，对我来说意味着更多的成长机会和更高的成长平台。

在省里专家的指导下，我的教育教学水平提升很快。更重要的是，我开始有机会到省里去上课，从市里到省城杭州，可以和杭州的老师讨论教育问题，这对一个从乡村走出来的老师来说，是非常难得的机遇。

这样的一次经历，让我这个乡村教师开始系统梳理自己的教育思考，寻找到了努力的方向与路径。

教师发展到一定层面，就要试着和更高层面的教师交流，和他们共同做事，从中更新观念、提升能力、发展自我。只有和更高水平的教师一起交流、学习和互动，我们才会不断成长。

也许每一个正在成长中的教师都要寻找专业成长的拐点，拐点也许可遇不可求，但我相信有这样意识和不断努力的教师一定会找到属于他们的拐点。拐点也许是一件事情，也许是遇到一位有思想的恩师，也许是遇到一群有理想的民间教育耕耘者。我们能把握这个拐点吗？

问题的关键是我们也许不知道哪件事情会是我们人生或教师职业发展的拐点，因此必须用心做好每一件事情，那些不经意间发生的事情才会成为我们的成长拐点。

因此，成功的拐点属于有教育梦想和不懈奋斗的教师。

如果说 2003 年参加"百课万人"课堂教学展示活动，让我第一次有机会站到省级层面和老师们交流学习，给了我专业成长的第一次拐点；那么，2004年 11 月参加浙江省课改巡礼教学展示活动，无疑是我专业成长关键性事件中的关键，是我专业成长中最重要的一个拐点。

"百课万人"课堂教学展示活动让我有机会梳理自己的教育教学特点，开始试着给自己的课堂教学和教育实践梳理特色定位。而从浙江省课改巡礼教学展示活动开始，我就有了一个教育梦想——人生为一件事情而来，追寻理想的教育，改良教育，改良课堂，让更多不一样的孩子从中受益。

很多年之后，我终于懂得了，事情不在大小，而在于我们把它想得有多大。梦想大了，再小的事情也是大事情。

2004 年 11 月举办的浙江省课改巡礼教学展示活动，是当年省教育厅的一项重点工作。省教育厅想利用这样一个平台，把推进和实践将近 5 年的区域课程改革实践成果做一个集中展示。

　　教育厅对这项工作非常重视，会议的内容丰富，分省里的主会场和各市级分会场，设置了不同的论坛主题。其中，大家最关注的还是省里主会场的课堂教学展示。大家都清楚，课程改革的精神是否落实、落实得如何，关键是看课堂变革的情况。因此，厅里领导对哪几个老师在主会场上课很是慎重。

　　为此，教育厅先从全省各地征集新课程典型课例，从 160 多节课中筛选了 4 节课例在主会场展示。为了审核这些课例，教育厅组成了一个专家组，一节一节地看，最后定了在主会场展示的 4 节课。我设计的《从一滴水说起》一课成功入选。

　　在主会场听课的有省教育厅的领导，各市区教育局的主要领导，各高校教育研究机构的专家，全省的中小学特级教师、名教师、一线教师等共计 1500 多人。由于是代表温州市在省里主会场上课，温州市教育局很重视。为了不出差错，我被安排跟着由时任温州市教育局副局长的朱学新带领的团队一起到杭州，像熊猫一样被保护起来。

　　上课之前，朱局长几次过问我的准备情况，她说："使命光荣，务必好好展示我们温州老师的风采。"领导的良苦用心我完全理解。上课前一天晚上，省教研室副主任柯孔标还亲自召集我们 4 个上课的老师，询问准备的情况并叮嘱一定要好好上课。那几天，我们好像都成了小孩，一个处处都要被叮嘱的小孩，弄得我们倍感压力。

　　上课之前，温州市教研院的陈素平老师还请了几个女老师帮我打点形象，从发型到服装，还亲自到杭州百货大楼专门挑选了衣服、裤子。领导说："要穿得鲜艳一点，展现温州老师的生机和活力。"

　　到目前为止，我在全国各地共上了 350 多节的公开课，这节课可能是我有史以来上得最拘束的一节课。上课之前很紧张，不停地上厕所，不停地喝水。上讲台的时候感觉晕乎乎的，还好上了 5 分钟，慢慢进入状态，发挥了自己的水平，也展示了自己的教学设计意图。

课上完之后得到了很多人的认可，他们都认为我的课将会对学生的一生产生美好影响，是一节指向儿童未来幸福生活与发展的好课。很多老师和领导鼓励我要继续努力，进一步完善自己的思考，形成有自己风格的课堂教学体系。

他们的期待为我点燃了一个大大的梦想——上成就儿童终身幸福发展的好课，让教育成就儿童终身的幸福成长。

从 2004 年那个冬天开始，10 多年来我努力探索课堂教学、学校经营、教育实践，做远离功利的教育，实践指向儿童未来幸福发展的教育与课堂。

梦想一步一步变成现实。从那样的一节课开始，我共研究了类似的十多节品德课，内容广泛，路径不同，但是成就儿童幸福未来，用课堂为儿童良好社会性发展而奠基的梦想更加坚实。在这样一个梦想的召唤下，我通过课堂创新实践不断成长。

2010 年 9 月 10 号，温州市政府举办了隆重的特级教师颁奖典礼。我内心平静，知道自己其实不是为了成为特级教师而努力。我为一个梦想而来，为了让教育成就儿童终身的幸福发展，是这样的一个朴素梦想成就了我。

梦想真的是有力量的。感谢源于 2004 年浙江省课改巡礼教学展示活动之后的那个坚定梦想。这个梦想还没有真正实现，现实让人悲催的教育太多，一本证书、一个称号根本说明不了什么，我也没做多少事情。当时，我想的最多的一个词是"归零"。

获得特级教师称号，是对我 10 年教育探索的一个交代，也是对我 10 年坚守教育梦想的一个交代。它代表一个阶段的结束和一个新阶段的开始，追求梦想的道路依然漫长。这个荣誉只是表明我在这个阶段努力过，它不能代表我追寻理想教育的一生，更不能以此作为功劳簿，从此刀枪入库，马放南山。

参加完颁奖典礼回到家，我把那本特级教师证书扔到了储物柜里，并且刻意淡忘自己是特级教师的角色。

　　成为特级教师，会受到很多人所谓的尊重和追捧，像娱乐圈的明星似的。但是我更知道，有一种让人丧失斗志的东西叫捧杀！我很担心自己不知不觉就在掌声与鲜花中陶醉，丧失归零的心态和重新出发的动力：课也不上了，讲学就是几句客套话，没有了新锐的思考和扎实的实践，躺在红本子上过日子了。

　　归零心态让我心境平和。很快，我又回到了自己原有的轨迹，该思考思考，该上课上课，该读书读书，该写作写作，该干吗就干吗，回归到对教育的本质思考、探寻与实践中。

　　我开始思考自己后 10 年甚至更长一段时间的职业发展定位，又开始了新的课例创作。我期待有新的思考、实践与改变，期待二次成长，并期待这样的改变与实践能带动更多的学生和教师发展。

六、百年县小的民国先生

　　我坚信，没有风骨的教育培养不了民族的栋梁之材，教育也没有尊严可言。我更坚信，缺失了民主、开放、包容、自由、独立的教育，培养不了真正的行业大师，也成就不了真正的教育家，当然也就没有真正的好教育。

　　我曾经任职的浙南名校——平阳县中心小学，1902 年由浙南名儒刘绍宽先生以及当地一些知名乡绅创办，已经走过了 110 多个春秋。

　　百年风雨，历久弥新；百年实践，成就品牌。

　　它是晚清新学制颁布之后成立的第一批学校，创校者刘绍宽先生是温州现代教育和地方文化事业的先贤。他是清末拔贡，曾任当地龙湖书院山长，后又任温州府中学堂监督、浙江省立第十中学（温州中学前身）校长、温属公立图书馆馆长，在温州当地曾创办了多所学校。他一生奉献教育，功勋卓著，名垂青史，浙南地区众多学子以作为他的门生为荣，苏步青、郑振铎、夏鼐、高觉敷等一大批浙南知名专家学者都出具门下。先生一生著述等身，影响深远，流传下来的有《厚庄文钞》《东瀛观学记》《籀园笔记》《厚庄日记》等。

　　在平阳县中心小学的校史馆，正面墙上有一幅黑白老照片，那是 1902 年创校那年 12 位老先生的珍贵合影。他们头发斑白，胡子微扬，穿着长衫坐一排、站一排。最年长的两位拄着拐杖，但是个个精神矍铄，眼睛炯炯有神，一点都不像年过七旬的老者。

最重要的是，他们浑身上下散发出来的书卷味与风骨气息，向我们表明这是一批有思想、有抱负、心怀天下苍生的教育启蒙者。

我每次带领学生以及各行各业人员进校史馆参观，每次看到那张照片都感慨颇多。从他们身上，我读懂了那些我们这个年代的教师所没有的精神品质。

首先是他们的教育理想。创办平阳县中心小学的这几位老先生，都是在当地很受尊重的地方乡绅。他们办学的目的不在营利，而在教化乡民、启迪民智、救国救民，在于传承中华文明，融合西方先进教育思想，可谓精神可嘉。

其次是他们的国学功底。这些老先生都是晚清秀才出身，从小熟读四书五经，有着比较深厚的国学基础。其中几位都把他们毕生从教的经历梳理成书。细细拜读他们写下的文字，惭愧之心涌上心头。同样作为教师，我和他们的内涵、底蕴差距巨大。

最后是他们的风骨气息，这点尤为可贵。每次凝望这些照片，照片中的眼神、表情流露出一种独特的气质——淡定、坚毅、风骨铮铮、精神矍铄，这就是他们这个群体的鲜明写照。在今天这样一个物欲横流、信仰丧失的年代，教师很难再有这样的气质与风度。

县中心小学背靠一座山，面对一座山，处在两山交汇处。背靠的山叫龙山，对面那座山叫凤山，中间有条小溪从校门口潺潺流过，清澈见底，名曰弦溪。民国时期的校歌歌词也写得很有意境，充满中国古典文化的励志气息：

龙山为枕，凤山屏，弦水书声交并。

趁此春花秋月，大家努力前进。

少年光景似流星，打起钟声猛醒。

戊社十周纪念全图

百年县小的民国先生

前排左起：王燕青、鲍竹群、陈锡琛（筱垞）、周幼康、刘次饶（厚庄）、黄梅僧
后排左起：姜啸樵、毛树青、陈子琳、夏克庵、苏达夫、王志澄（理孚）

而校训 110 多年来没变过，只有四个字：严谨、求实。

面对民国时期的这些老先生，我们有理由感到汗颜，因为我们既没有他们那样的精神境界，也没有他们的职业水准。他们动机单纯，很多教师都是理想主义者和行动主义者的完美结合。修身、治教、办学，润泽一方，没有任何功利目的，以办学兴教、启蒙民智、救国救民为大任，培养了一批行业大师。

历史翻过 100 年，我们有更多的理由反思，当下的教育和民国教育相比到底少了些什么？有什么不同？平阳历史上最杰出的一批人才几乎都是民国教育所培养。走进县中心小学的"校贤长廊"，大师汇聚：杰出数学家苏步青、姜立夫，画家苏昧硕，百岁棋王谢侠逊，百岁书法大师张鹏翼，新闻之王马兴野，英语之王吴景荣……他们的名字如同璀璨星河中的闪亮恒星，镌刻在历史的夜空，任凭后人仰望。

而梳理新中国成立之后的杰出校友，非常令人遗憾，如果和新中国成立前的那些毕业生相比，简直可谓寒碜。引以为豪的几十位校贤，全部都是民国时期毕业于县中心小学。

这足够引人深思。

为什么民国培养的学生大师辈出？也许很多人会给出各种各样的答案，我仅从一个普通教师的身份出发寻找这个问题的答案。平阳县中心小学校史馆中有一张拍摄于上世纪 30 年代的老照片，内容是县中心小学音乐教师陈劫尘先生上音乐课的场景。

陈先生带着孩子们上音乐课，不是在教室里而是在校园的菁菁草坪上。小朋友三三两两互相拍手做着游戏，脸上荡漾着纯真的笑容。陈老师气定神闲地坐在一棵小树下凝望着学生，草地上的风琴，翻开的琴盖……这在今天都是难得一见的课堂教学场景，开放、温馨、充满人性的光辉和自然的力量。透过这样一张跨越七八十年的老照片，便不难理解民国教育大师辈出的缘由——因为那时候的教育独立、自由、开放、包容、自然。

一九三一年平阳县小十六位同学在陈劫尘老师（弹风琴者）指导下，正在排练节目的情景

民国先生陈劫尘上课情景

　　陈先生后来把自己一生的从教经历梳理成从教笔记，取名"师道"。细细读来，自由、独立、开放、包容的教育之风迎面拂来。

　　走进民国时期的平阳县中心小学，我时常扪心自问：我们是否有他们那样纯粹的教育理想？我们是否有他们那样深厚的文化底蕴？我们能否像他们那样，在这个物欲横流的世界里，捍卫教育常识与真理的尊严，挺直脊梁，铮铮铁骨？

　　我坚信，没有风骨的教育培养不了民族的栋梁之材，教育也没有尊严可言。我更坚信，缺失了民主、开放、包容、自由、独立的教育，培养不了真正的行业大师，也成就不了真正的教育家，当然也就没有真正的好教育。

七、爷爷是个好老师

> 不管我们种什么、怎么种，爷爷总是笑呵呵地在旁边看，从来不干涉，就是种得东倒西歪，他也不怎么管。但是在我们需要帮助的时候，他就会很有耐心地指导我们种植。

爷爷是一个文盲，当了一辈子农民，种了一辈子地。可是当老师很多年之后，我越来越觉得他才是一个真正的好老师。

爷爷是一个善良的老人，常怀慈悲之心，言语不多，待人随和。生活中以理解他人之麻烦与痛苦为处世原则。他经常说的是："能不麻烦别人就不麻烦别人。"他信守吃亏是福的生活哲学，一生与人为善。自从我记事以来，他从未与他人有过冲突，也从未见他发过脾气。

其实爷爷一生也有那么一点点儿的传奇色彩。由于我老家很偏僻，处在深山密林之中，荒郊野岭，独门独户，当年经常为地下党和游击队提供庇护。1935 年，爷爷经人介绍加入了中国共产党。

新中国成立之后他成了我们当地那个革命老区的第一任区委书记。很遗憾，他这个文盲书记任职时间很短，大概一年不到就自行辞职回家务农了。

他不认识字，到县城开会，听不懂领导在台上到底讲什么，因此显得很无助，于是他基本上只能做一件事情——等着吃饭。他也看不懂上级发来的文件，开展工作显得有点困难。而且他待人过于温和，凡事总是为别人想得多，遇事不太果断，用今天的话来说，叫缺少"领导手腕"。

不过，最终让他决定离开领导岗位的，还是家里没有人照顾的三个孩子。

由于各种原因，在爷爷忙着公务的时候，我奶奶提出和他离婚。爷爷考虑了她的感受，居然同意了。就这样，奶奶丢下三个孩子离家而去。

那一年我伯父 9 岁，我父亲 6 岁，我叔叔 3 岁。奶奶走了之后，爷爷有时候由于工作忙，没有时间回家。我父亲他们三兄弟就在山上的老林子里过夜。半夜由于害怕，我叔叔在林子里号啕大哭，据说那哭声能传到大山对面遥远的村庄里，让人揪心。

于是，爷爷主动请辞，回家当农民，既当爹又当妈地照顾三个儿子长大成人，并且终身未再娶。

小的时候住在大山里，父亲常年不在家，我就和爷爷住在一起。跟爷爷在一起的感觉很幸福，我和弟弟经常要排队轮流跟爷爷一起睡觉。

稍大点儿的时候，看着爷爷种菜，我们也想要在菜园子里种点东西。爷爷就平了块地给我们。这是一块真正属于我们自己的领地，我们可以随便种，想种什么、怎么种都由我和弟弟自己定，非常自由，他从来不会干涉。

春天来了，我们开始自由耕种。他老人家带着我们把那块地锄好，我们看见他种什么，就挖一株过来种到我们的地里去。看他种番薯，我们就把番薯挖过来种；看他种水稻，我们就在旱地里挖一个坑，浇上水，把水稻挖两株过来种；看他种豆我们也种豆……

他总是以温和慈祥的目光看着我们，因此我们兄弟俩就有了一块奇怪的田地。那块地里种满了各式各样的植物：黄瓜、豆子、水稻、番薯、南瓜……乱七八糟的，毫无秩序可言。只有小屁孩才会种出那样的庄稼地来，也只有小屁孩才会把这些乱七八糟的植物搁在一起种。

成人的世界，永远不会种出这样的一块庄稼地。

不管我们种什么、怎么种，爷爷总是笑呵呵地在旁边看，从来不干涉，就是种得东倒西歪，他也不怎么管。但是在我们需要帮助的时候，他就会很有耐心地指导我们种植：种南瓜要把小土堆垒得高一点，种绿豆要把豆苗边的小树枝插整齐……

我们经常把他的肥料偷出来，给自己地里的作物多施点肥。因此，我们那块地里的庄稼长得还真不错。由于施肥过度，我和弟弟种的番薯叶子长得很旺盛。到了秋天，我和弟弟满心欢喜地以为一定会收获一个个大番薯，没想到底下只长了几个小番薯。

爷爷说："你们施的肥太多了，都长在叶子上了。"这就是爷爷，其实他早知道会这样，但是就是不告诉我们，也没有制止我们。

慢慢我懂得了，好的教育应该像爷爷这样，给每一个学生一块可以自由耕种的田地，我们就在旁边静静地看着，保持微笑和守望状态。在学生需要帮助与支持的时候给予帮助与指导，至于他们种什么、怎么种，更多的应该放手让孩子们自己去决定、体验和经历。

有时候爷爷早就知道可能会出现的结果，但是他并没有把结果提前告诉我们，而是让我们经历一个体会的过程。也许他并不知道有关的道理，但是他用善良与宽容之心呵护了我们的好奇心以及独立动手操作的可能。

四季更迭，教育需要精耕细作，按照万物规律种植。好老师就是像爷爷这样的农夫，有的是鼓励，有的是耐心，有的是支持，有的是宽容，并给予我们足够的空间和自由。

种了一辈子地的文盲爷爷是一个真正的好老师，他不懂什么教育理论，但是他有善良之心，懂得爱护孩子。好老师首先需要的就是一颗善良之心、慈悲之心、宽容之心，喜欢并懂得呵护儿童，给予他们希望和等待。

做好老师，就要坚持这些淳朴而简单的常识。

　　有过一些梦想，唯独没有想过有一天要写一本小书。小时候语文成绩一塌糊涂，写文章成了我最痛苦的事情之一。

　　1995年，在青街畲族乡中心小学工作的时候，温校长让我把我和学生下雨天一起踢野球、下河捞鱼、把课堂搬到大自然、月黑风高之夜去家访等事情写成一篇德育论文。我绞尽脑汁终于写出来一篇《用全部的心血教育好每一个学生》，居然获得了一等奖。记得那天温校长很高兴，喝了不少酒，说这是学校第一次有老师的论文获得一等奖。

　　后来，陆陆续续写了一些小文章并获奖或发表，但是对于写一本书，真的没有想过。直到2012年的冬天，我受北京师范大学教育学部吴国珍教授的邀请，在北京师范大学做了一场"温度——我这二十年"的演讲，吴国珍教授和与会的教育科学出版社刘灿主任、池春燕编辑，一起鼓励我把那些故事写成一本书。

　　但是，我从心理上首先选择了拒绝。后来，我把这件事情和刘可钦校长聊了聊。刘校长说：写吧，得把自己的经历、思考和实践沉淀下来。

　　吴国珍教授、刘灿主任、池春燕编辑给了一个方案：要不你就说你的教育故事吧，我们把你说的故事记录下来，然后整理成一本书。我想，这也许还行，至少不会像关起门来写一本书那样让人心生"恐惧"。

2013 年 5 月，吴国珍教授、刘灿主任、池春燕编辑，北京师范大学叶菊艳博士、张华军博士，还有我的同事张文峰老师在百忙之中抽出两天时间，和我聚在一起讲故事、探讨故事。而这本书的初稿，就是那两天的录音整理。在此基础上，我这个后进生用了差不多三年的时间修改，直到今日这本小书才和大家见面。

永远感恩可亲可敬的刘可钦校长，让我这个乡村教师能来到北京；感恩我们的"大家三小"，这所充满梦想的学校，让我有机会看见教育那样多的可能性；感谢吴国珍教授为本书倾情作序；感谢教育科学出版社刘灿主任、池春燕编辑的精心策划和对书稿的细致审阅；感谢张文峰老师、叶菊艳博士、张华军博士的一路陪伴与指导；感谢知名节目主持人崔永元先生、《中国教师报》总编辑刘华蓉老师、独立教育媒体人沈祖芸老师、《新校长》总编辑李斌老师、天真蓝教育传媒创始人李斌老师、《未来教育家》执行总编辑陈盼老师联袂推荐我的这本小书；感恩我求学和工作经历中的每一位导师，以及我的那些可爱的学生。

梦想是可以种出来的，是你们成就了我的《另一种可能》。

是你们让我顿悟：我们唯一可以确定的是，我们的未来是不确定的。最好的成长方式，是让我们的世界永远充满——另一种可能。

池昌斌

2016 年秋